유아영어교육의 이론과 실제

- 문학책을 활용한 Balanced Approach -

장유라, 원계선 공저

교육아카데미

머 리 말

21세기 국경 없는 무한경쟁의 세계화 시대에 영어(English)는 단순한 외국어로서의 기능을 넘어, 국제간의 의사소통은 물론이고 개인의 학문적 기회를 얻기 위한 중요한 수단으로 인식되고 있다.

우리나라에서도 1990년대 중반부터 시작한 영어교육의 열풍은 2007년을 기점으로 정치적 쟁점이 되기까지 하였다. 가정이나 유치원에서는 물론 소규모 어린이집에서도 영어교육을 실시하고 있고, 영어권 나라에서 단기간이라도 어린이들에게 영어사용 경험을 시키고자 하는 부모들의 수는 폭증하고 있다. 영어교육 열풍으로 인한 소위 '기러기 아빠', '펭귄 아빠', '독수리 아빠'라는 사회적 현상은 이산가족과 가정의 붕괴라는 문제점을 양산하기도 하였다.

영어교육이 중요하다는 시대적 요구가 유아를 대상으로 하는 영어교육기관의 난립을 초래하고, 아직 모국어 습득도 미숙한 영아들까지도 검증되지 않은 영어교육기관으로 내몰고 있다. 이는 곧 영어교육이 모국어 습득을 방해하고 주체성 혼란이라는 심각한 사회적 문제를 가져올 뿐 아니라, 우리나라 유치원 교육과정을 충실히 이행하고자 하는 유치원들은 경영난을 겪도록 하고 있으며, 심지어는 어학원으로의 업종 변경이라는 마지막 선택을 하는 곳도 흔히 볼 수 있는 상황이 되어버렸다.

우리나라 영어교육은 공식적으로는 초등학교 3학년부터 시작되지만 비공식적으로 유아에서부터 실시되고 있다. 일반 유치원에서 영어교육을 만족스럽게 담당하지 못하자 영어 학원, 소그룹 영어과외 등으로 유아들은 지쳐 가고, 학부모들로 하여금 사교육비의 엄청난 지출을 유도하고 있다. 유아영어교육에 대한 사회적 요구와 압력이 거세어지고 있는 현 시점에서, 유아영어교육은 이제 찬반의 논쟁 단계를 지나 어떠한 방법을 활용하여 효율적으로 유아영어교육을 할 것인가를 논의하는 단계로 진입하고 있다.

이러한 상황에서 이 책은 유아교사가 정규 유치원 과정에서 유아의 발달과정을 고려하여 유아영어교육을 효율적으로 시행할 수 있도록 하는 지침서라고 할 수 있다. 이 책의 제1부에서는 유아영어교육에 대한 이론적 지식을 살펴보았고, 제2부에서는 Authentic Book을 활용한 영어교육활동 실제를 제시하였다. 그리고 제3부에서는 교실에서 일상적으로 유아교사가 사용할 수 있는 영어회화를 다루었다.

다소 부족하고 미흡한 점도 있지만, 예비 유아교사들의 유아영어교육 지도 역량 제고의 시급성을 절감하면서 이 책을 집필하고자 함께 힘을 모았다. 초기 연구단계에서 기꺼이 유아들에게 여러 가지 활동들을 시연해 주신 늘푸름 유치원의 유명혜 원장님 이하 여러 선생님들에게 감사의 마음을 전하며, 교육아카데미 김의용 사장님께도 감사의 마음을 전한다.

2008년 저자
장유라, 원계선

차 례

제1부. 이론편

1장. 유아영어교육에 대한 이해

2장. 유아영어교육의 역사

3장. 유아영어교수법

4장. Authentic Book을 활용한 유아영어교육에 대한 이해

제1장 유아영어교육에 대한 이해

1. 유아영어교육의 개념

사전적 의미의 유아교육이란 취학전 교육이라고 할 수 있다. 예전에는 유아가 초등학교에 입학하기 전 1~2년간 교육 프로그램에 참여하는 활동을 일컬어 유아교육이라 하였으나, 현대에 이르러서는 유아교육에 대한 관심의 확장으로 영아교육 및 유・유아(乳幼兒)교육을 통틀어 유아교육이라 칭한다. 모리슨은 유아교육을 0~8세까지의 교육으로 구분하였고, 스포덱 역시 출생부터 초등학교 저학년까지로 구분하였다. 따라서 유아교육은 출생부터 초등학교 저학년까지를 포함하는 것으로 정의할 수 있다(네이버백과사전, http://dic.naver.com).

한편 언어는 사용자와 환경을 기준으로 모국어와 외국어로 나눌 수 있는데, 유아가 소속한 국가의 언어를 모국어라 부르고 그 외의 다른 나라 언어를 외국어라 할 수 있다. 그리고 외국어를 습득 한다고 하는 것은 이미 습득한 모국어 능력 외에 새로운 또 하나의 언어를 습득하는 것을 의미한다.

유아기에 두 언어를 동시에 접하는 경우 서로 간섭하는 경향에 의한 문제점과 그 밖의 문화의 충돌이라는 문제 등을 이유로 반대의 목소리가 높았고 지금도 해결점을 찾기 어려운 상황에 직면하고 있다. 영어교육에 관한 우리나라 안에서의 사회적, 시대적 요구는 분명하다. 유아영어교육에 대한 교육정책, 내용, 교사교육, 환경구성 등은 매우 편견이 심하고, 많은 혼돈 속에 있다.

부모와 사회는 교육기간에서 최선의 영어교육 프로그램을 실천하여 이러한 혼돈으로부터 자유롭기를 원한다. 유아의 발달단계를 고려한 균형 상태에 달하도록 적절한 교육환경을 원하는 것이다. 즉 언어학적 관점, 사회 심리학적 관점, 생리학적 관점에 따라 유아는 영어를 습득할 수 있고, 유아시기에 외국어에 대한 언어적 능력을 발휘할 수 있는 기회를 주는 것이 바람직하다고 할 수 있다(황원길, 2004).

유아영어교육이란 이러한 여러 관점들의 고찰을 통하여 초등학교 입학 전 연령의 유아(0세~6세)에게 영어를 가르치는 것을 유아영어교육으로 개념화 할 수 있다.

2. 유아영어교육의 필요성

이제 영어는 단순한 외국어로서의 기능을 넘어, 국제간의 의사소통은 물론이고 개인의 학문적 기회를 얻기 위한 중요한 수단으로 인식되고 있다. 세계 정보의 대부분이 영어로 되어 있고 국가 간의 개방과 교류는 많은 분야에서 계속 확대되고 있으며 과학문명의 발달로 세계는 더욱 하나의 지구촌을 형성해 가고 있다. 영어를 제1외국어로 공부하는 것은 국내의 대학 진학은 물론 해외 유학과 같이 보다 나은 학문적 기회를 가능하게 하는데 중요한 역할을 담당하기 때문이다. 대표적인 예로 미국 등 외국 유학을 가기 위해서는 TOEFL이나 GRE와 같은 영어 시험의 성적이 요구된다. 영어를 교수언어로 사용하는 환경에서 공부할 수 있는지 여부를 알아보는 것이다. 세계적인 정치·경제 모임이나 올림픽 등에서 당연히 영어를 사용하고 있으며 세계 어느 나라를 가더라도 영어를 하는 사람을 쉽게 찾을 수 있다. 따라서 개인적으로 영어를 사용할 수 있다는 것은 그 만큼 진출 가능한 분야가 많다는 것을 의미한다. 또한 세계 시장에서 직업을 보다 쉽게 가질 수 있고 사회적으로 지위 상승을 할 수 있는 기회를 포착하는 데 큰 경쟁력을 가진다는 것을 뜻한다. 이렇게 국제관계가 더욱 긴밀해지고 영어교육의 필요성과 중요성이 사회적 압박으로까지 여겨지는 것은 누구나 느낄 수 있는 현실이라 말 할 수 있다.

1990년대 중반부터 일어나기 시작한 영어교육의 열풍은 2007년을 기점으로 정치 쟁점화 되기까지 한다. 가정이나 유치원에서는 물론 소규모 어린이집에서도 영어교육을 실시하고 있고, 어린이들을 영어권 나라에서 단기간이라도 영어를 경험하게 하자는 양상은 더욱 가속화 되어, 소위 '기러기 아빠', 펭귄 아빠', '독수리 아빠'라는 사회적 현상은 이산가족과 가정의 붕괴라는 문제점을 양산하고 있다.

이러한 시대적 요구가 유아를 대상으로 하는 영어교육기관의 난립을 초래하고, 아직 모국어 습득도 미숙한 영아들까지도 검증되지 않은 영어교육기관으로 내몰고 있다. 이는 곧 영어교육이 모국어 습득을 방해하고 주체성 혼란이라는 심각한 사회적 문제를 가져온다. 그 뿐 아니라 우리나라 유치원 교육과정을 충실히 이행하는 유치원은 경영난을 겪으며 심지어는 어학원으로의 업종 변경이라는 마지막 선택에 있는 곳도 주위에서 쉽게 볼 수 있는 현상이다.

우리나라 영어교육은 공식적으로는 초등학교 3학년부터 시작되지만 비공식적으로 유아에서부터 실시되고 있다. 곧 모든 초등학교에 원어민이 유치된다는 정부의 발표도 있다. 유치원 교육에서 영어교육을 만족스럽게 담당하지 못하자 학원, 소그룹 과외 등으로 유아들은 지쳐 가고, 사교육비의 엄청난 지출을 유도한다. 유아영어교육에 대한 사회적 요구와 압력이 거세어지는 이유는 현대사회를 살아가는 구성원이 영어의 필요성을 인식하고 영어교육을 요구하고 있기 때문이라고 할 수 있는데 유아영어교육은 이제는 찬반의 논쟁을 하는 단계를 지나 어떠한 방법으로 효율적인 유아영어교육을 해야 할 것인가를 논의 하여야 한다.

이에 본서는 사회적 요구가 강력함에도 불구하고 법적 근거가 뒷받침해 주지 못하기 때문에 발생되는 여러 가지 논쟁점에도 불구하고, 유아교사가 정규 유치원 과정에서 유아의 발달과정을 고려하여 실시하는 유아영어교육의 지침이 되고자 한다.

3. 유아영어교육의 목적

유아영어교육의 기본 목표를 설정하기 위해 다른 나라의 외국어 교육 목표를 이해하는 것도 중요하다. 이를 간략히 소개하면 다음과 같다(Rivers, W. M. Temperley, 1978).

이스라엘의 영어 교육과정은 다음과 같은 점을 강조한다.

첫째, 오늘날 국제 의사소통의 주요 수단으로서 영어를 배운다는 것.

둘째, 외국어를 가르침으로써 외국어에 내재된 문화적·교육적 가치를 배우고, 이스라엘 교육제도의 통합적 부분으로서 영어를 배운다는 것.

셋째, 언어 공부를 통해 지력을 높이고, 언어적 감각과 언어에 대한 통찰력을 높이는 수단으로서 영어를 배운다는 것.

영국의 경우, 외국어 교육의 목적은 다음과 같다.

첫째, 외국어의 실제적 지식을 학생에게 제공한다. 언어를 이해하고 구사할 능력을 되도록 빨리 충분히 함양하게 한다.

둘째, 외국어를 쉽게 읽어 학생의 교양을 높인다.

셋째, 외국의 지리, 역사, 전통, 습관, 학문, 예술에 대하여 지도함으로써 그 나라의 문화에 관심을 가지게 한다.

넷째, 언어의 뜻을 보다 정확히 파악할 수 있는 훈련을 한다.

다음은 미국 캘리포니아 주의 외국어 교육의 다섯 가지 목표이다.

① 의사소통(communication): 영어 이외의 언어로 의사소통을 한다.
② 문화(culture): 외국어를 통해 외국어 사용의 문화에 대한 지식을 얻고 문화를 이해한다.
③ 연결(connection): 다른 교과와 연결되고 외국어를 통해 정보를 얻는다.
④ 비교(comparisons): 모국어와 모국 문화에 대한 통찰력을 높인다.
⑤ 공동체(communities): 국내와 세계의 다언어 공동체에 참여한다.

Rivers(1968)는 다음 여섯 가지로 외국어 교육의 목적이 종합된다고 말한다.

첫째, 외국어 학습을 통하여 학생들의 지력을 개발한다.

둘째, 외국의 문학작품이나 철학을 통하여 학생의 교양을 넓힌다.

셋째, 외국어 학습을 통하여 언어의 기능에 대한 이해를 높이고 자신의 모국어를 더 잘 안다.

넷째, 현대의 작품, 연구, 정보를 얻는다.

다섯째, 목표 외국어를 사용하는 사람들의 생활양식과 사고방식에 관해 체계적인 통찰을 하게 함으로써, 학생들에게 국민적 장벽을 넘어 사람을 더 잘 이해할 수 있게 한다.

여섯째, 구두로 의사소통할 수 있는 기술과, 다른 국적의 목표 외국어 학습자들과 어느 정도 서신 왕래를 할 수 있는 외국어 기능을 길러 준다.

4. 영어의 환경

영어의 환경은 제2언어 환경과 외국어 환경 두 가지이다. 이를 살펴보면 다음과 같다.

(1) ESL (English as a Second Language) 환경

영어가 모국어가 아닌 사람이 영어권의 문화에서 영어를 접할 때, 우리는 그것을 제2언어 환경이라고 부른다. 다시 말해서 영어를 자신의 모국어처럼 일상생활에서 듣고 사용할 수 있는 환경이라면 그것을 The Second Language 또는 English as a Second Language(ESL)이라고 한다. 이런 환경은 영어권의 나라로 이민을 간다거나 유학을 간 경우 자기 나라의 언어를 가정에서 사용함으로써 얻게 되는 환경이다. 필리핀, 싱가포르, 인도 등의 나라가 ESL환경의 나라라고 할 수 있다.

(2) EFL(English as a Foreign Language) 환경

EFL 환경이란 영어권이 아닌 나라에서 영어를 외국어로서 학교, 학원, 교사교육, 연수과정, 개인지도 등을 통해 집중하여 교육하는 상황을 말한다. 즉 중국, 일본, 우리나라처럼 영어가 외국어인 곳이 EFL 환경이다. 과거, 우리나라에서는 실제 생활에서나 학교에서 영어를 사용하는 경우는 흔하지 않았었다. 신문, 잡지, 방송에서도 영어를 자주 접할 수 없는 상황에서 영어를 익혀 나가야 하는 어려운 환경에 처해 있었다. 그러나 이제는 영어를 어디서든지 쉽게 접할 수 있는 EFL 환경으로 되었다.

마지막으로 EO(English Only)환경이 있는데 미국, 영국, 호주, 캐나다 등의 나라로 영어를 모국어로 사용하는 나라를 EO환경의 나라라고 할 수 있다.

세계는 인터넷을 통해 너무나 가까워졌다. 그야말로 벽이 없고 국경이 없게 되었다. EFL 환경은 ESL 환경과는 비교할 수 없을 정도로 발전되고 있다. 우리에게 필요한 많은 정보는 영어로 되어 있을 뿐만 아니라 영어 능력은 한 나라의 정치, 경제, 과학 기술, 예술의 발달을 조정할 수 있는, 힘이 있고 필수적인 것으로 되어가고 있는 만큼 우리나라의 EFL 환경을 개선하기 위한 연구, 교재의 개발은 점차 이루어져야 할 때인 것 같다. 더불어 우리나라 실정에 맞는 유아영어 교재에 관련한 체계적이고 전문적인 교재개발이 시급히 이루어져야 할 것이다.

제2장 유아영어교육의 역사

본 장에서는 언어교육의 전통적 접근과 이에 반기를 든 총체적 언어와 파닉스 접근에 대한 것을 살펴봄으로써 영어교육의 역사에 따른 변화를 알아본다. 그리고 21세기에 총체적 언어와 파닉스 접근 입장을 절충하는 영어교육의 균형적 접근에 대해 살펴본다. 영어 교수법에서도 유아에게 적합한 여러 가지 방법을 균형 있게 다루는 경향도 알아본다.

1. 전통적 접근

언어교육의 전통적 관점은 행동주의와 성숙주의의 입장이다. 이는 1920~60년대에 그 배경을 두고 있다.

행동주의의 영향으로 연습과 반복을 통해 가장 잘 배운다고 보고 있는 전통적 관점에서 언어교육은 쉬운 하위기능으로부터 전체로 접근한다. 예컨대, 음가 알기, 음운 인식, 철자의 이름, 단어의 뜻 알기 등과 같은 능력에서 시작하여 문장, 문단, 전체 이야기를 이해하는 교육의 방법을 말한다. 즉 부분에서 전체로 접근(Bottom-up Approach)을 한다. 발달 순서도 듣기, 말하기, 읽기, 쓰기가 위계적으로 발달하기 때문에 읽기와 쓰기는 듣기와 말하기가 발달한 후에 가르쳐야 한다는 입장을 취한다. 주된 교육방법은 독본 읽기(Basal Reading)이다.

2. 총체적 언어와 파닉스 접근

전통적 방법인 독본 읽기에 반기를 들고 총체적 언어와 파닉스 접근이 대두되기 시작하였다. 이를 각기 살펴보기로 한다.

(1) 총체적 언어(Whole Language)

1960년대에 들어서면서 전통적 방법은 비난을 받기 시작하며 새로운 시각으로 읽기와 쓰기에 대한 연구가 본격적으로 이루어진다. Miller(1988)는, 읽기와 쓰기는 단순한 인지기술적인 것보다는 복잡한 사회, 심리적 언어적 활동이라고 강조하였다(Harste, J. C. L. Burke, 1977).

총체적 언어는 발생학적 관점, 즉 구성주의의 입장을 취한다. 유아들은 문식성에 대한 그들 나름대로의 지식과 경험을 가지고 있으며, 흥미 있는 활동을 통해 지식을 구성한다고 보았다. 문식성은 어느 날 갑자기 생기는 것이 아니라 주변 환경, 즉 부모(혹은 성인)와 상호작용적 대화, 그림책, 텔레비전, 광고에 노출되면서 연속적 · 점진적으로 발달하는 것이다(Goodman, 1986). 따라서 듣기, 말하기, 읽기, 쓰기는 형식적 지도 이전에 그 기초가 역동적이고 통합적으로 일어나기 때문에 언어지도 역시 통합적으로 일어나야 한다는 것이 총체적 언어의 이론이다.

총체적 언어 접근 중, 가장 대표적인 것은 '문학'을 사용하는 것이다. 즉 좋은 그림책을 활용하여 이야기를 전체적 맥락에서 이해하도록 한다. 전체 이야기, 구, 단어, 글자, 음소 순으로 언어를 접근하는 것이 전체에서 부분으로 (Top-down Approach)의 접근이다. 따라서 총체적 언어에서는 유아들이 앞 · 중간 · 뒷이야기 짓기, 내 사전 만들기, 광고 만들기 등을 사용하는 동안 단어의 의미를 알게 되고 글자와 소리와의 관계도 인식하게 된다.

그러나 읽기 능력과 총체적 언어교육 방법과의 관계에 대한 연구(Adams & Bruck, 1995)에 의하면 여전히 글을 잘못 읽는 유아들이 있으며 결국 자연스러운 환경에서 다양한 경험을 통해 유아 스스로 더 잘 깨닫고 읽기와 쓰기를 더 잘할 수 있다고 주장한 총체적 언어교육 방법이 "과연 모든 유아에게 적합한 것인가?"라는 의문이 제기되었다(Brooks & Brooks, 1993; Kucer, 1998). 이러한 결과는 총체적 관점이 아닌 언어교육에서의 새로운 시작에 대한 요구를 불러오게 하였다.

(2) 파닉스(Phonics)

독본 읽기에 대한 또 다른 반대 입장은 「Learning to Read: The Great Debates」라는 저서로 파닉스의 의미와 교육적 방안을 집필한 Chall(1967)을 중심으로 소개된 파닉스 접근이다. 독본 읽기에 대한 대안으로서 총체적 언어가 전국적으로 영향을 준 것에 비하면 파닉스 접근은 아주 천천히 수용되었다.

Chall(1967)은 읽기를 효과적으로 하기 위해서는 파닉스 접근을 해야 한다는 이론을 펼쳐나갔다. 파닉스란 '글자와 소리와의 관계를 파악하는 것'으로 읽기를 쉽게 한다는 것이다. 체계적이고 직접적인 발음중심 지도를 받은 유아들이 의미 중심 읽기에서 지도 받은 유아보다 단어 인식, 맞춤법, 어휘, 내용 이해 등에서 우위에 있는 것으로 나타났다. 이 연구 결과는 총체적 언어를 주장하는 학자들에 의해 크게 저항을 받게 되었고 이런 양극의 논쟁 중에도 총체적 언어의 인기는 지속되었다.

미국 정부는 학생들의 문맹률을 낮추기 위해 언어교육에 대한 정책을 마련하게 되었다. 마침내, 1990년에 미국 국회는 Adams에게 '읽기에 대한 연구'를 의뢰했다. 읽기 지도에 관련된 연구를 종합·분석하며, 읽기 과정에서 일어나는 심리 언어학적 과정을 밝혀나간

그녀는 결과들을 종합하여 'Beginning to Read: Thinking and Learning about Print'(1990)라는 보고서를 제출했다. 이 연구는 글자의 기능을 어떻게 이해하는지, 자/모음을 결합하는데 음운인식이 어떤 역할을 하는지에 대한 자료를 제공하였고 초기 읽기에서는 발음중심 지도법이 더 효과적이지만, 총체적 언어 접근에서처럼 읽기 경험을 많이 해야 하고, 동기와 흥미에 의거한 의미 있는 읽기 자료에 많이 노출되어야 한다고 결론을 내렸다.

Adams의 연구 결과는 결국 Chall의 관점을 지지하는 것이어서 음소문자인 영어는 발음 중심의 지도가 더 효과적이라는 것을 증명하게 된 것이다. 이에 기초하여 교육당국과 학자들은 총체적 언어와 파닉스를 균형 있게 실시하자는, 소위 균형 잡힌 접근을 소개하기 시작했다.

3. 균형 잡힌 접근(Balanced Approach)

균형 잡힌 접근에서 사용되는 문학은 총체적 언어에서처럼 칼데콧 수상 도서와 같은 좋은 그림책을 사용한다. 그리고 그림책의 맥락 안에서 파닉스 활동과 연계를 한다. 그림책을 사용하는 이유는 그림책의 뛰어난 삽화는 이야기를 전달하고 의미를 창조하도록 도와주기 때문인 것이다. 특히 외국어로서 영어를 습득하려는 유아들에게는 그림책을 가지고 전체적 맥락에서 의미를 파악하도록 하는데 큰 도움이 될 수 있다. 예를 들어 반복적 문장이 있고 예측이 가능한 좋은 그림책, 『Dinnertime』이나 『Brown Bear Brown Bear, What Do You See?』와 같은 것은 외국어로서 영어를 습득하는데 좋은 자료가 된다.

그림책을 읽고 첫소리가 같은 단어를 찾아보는 것, 재미있게 생긴 글자(알파벳)를 찾아보는 것, 소리를 내보는 것과 같은 파닉스 활동은 영어교육에 있어 균형 잡힌 접근을 쉽게 할 수 있도록 한다. 즉 균형 잡힌 접근이란 총체적 언어(그림책을 통한 의미 파악)와 파닉스를 균형 있게 다루는 것이다.

이와 같은 배경을 바탕으로 총체적 언어에서 벗어난 균형 잡힌 접근은 1980년대에 이르러 받아들여지게 되었다. 그리고 이는 21세기에도 언어교육은 물론, 영어교육의 균형적 접근으로 수용되고 지속될 전망이다. 지금까지 언급한 언어교육의 역사성과 균형 잡힌 접근을 그림으로 표시하면 다음과 같다.

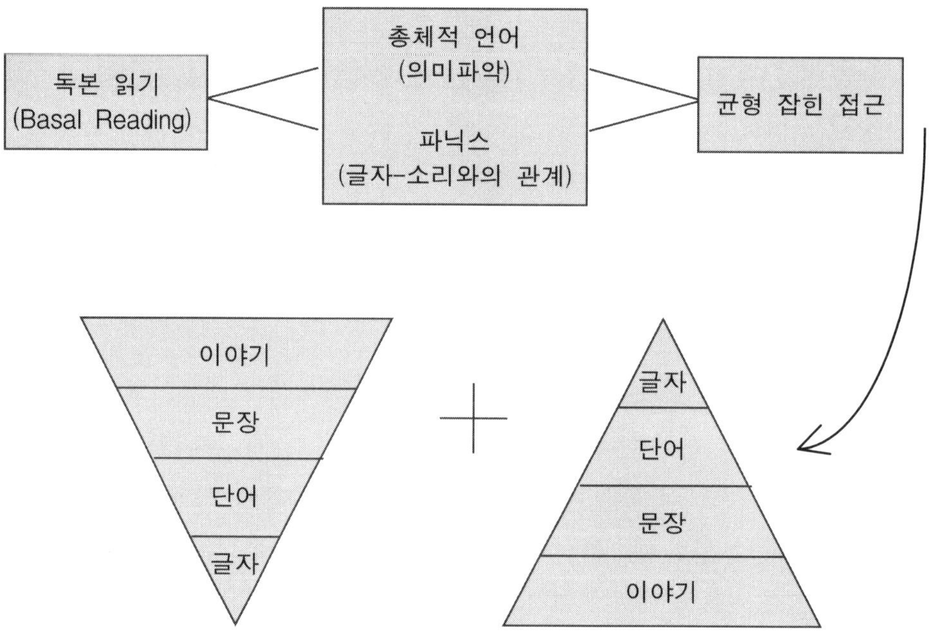

[그림 2-1] Balanced Approach

제3장 유아영어교수법

1. 영어교수법

1) 문법·번역식 교수법(Grammar-Translation Method)

문법 · 번역식 교수법은 1840년대부터 성행하기 시작한 외국어 교수방법으로 우리나라의 많은 성인들이 접했던 교수법이다. 이 교수방법은 어떤 이론이나 방법을 가지고 체계적으로 출발한 것은 아니며 유럽에서 라틴어를 가르치기 위해 사용되었던 경험적 방법이 영어교육 방법으로 자리 잡게 된 것이다. 동양에서 한문으로 된 고전을 읽고 외우는 방식으로 가르쳤던 것처럼 라틴어로 기록된 고전이나 문학작품 등을 읽고 이해하도록 하는 것이 주요 활동이었다. 따라서 문법의 규칙을 자세히 분석하고 그 문법을 이용하여 글을 이해하며 번역하는 것이 주된 방법이었다. 결과적으로 읽기와 쓰기가 강조되었고 듣기, 말하기 등의 음성언어의 측면은 무시되었다.

이 교수법은 단어의 뜻을 알고 문법을 분석하고 문장 전체의 의미를 파악하도록 하게 하였으므로 정확성이 무엇보다 중요하게 취급되었다. 또 정리된 문법을 체계적으로 제시하는 것이 중요한 교수방법이었다. 결과적으로는 학생들이 언어 자체에 대한 지식은 증대시킬 수 있으나 그 언어를 사용할 수 있는 능력을 기르는 데는 효과적이지 못하였다. 음성영어 교육을 중심으로 하는 초등영어 교육에서는 그리 권장할 만한 방법이 못된다, 그러나 교사가 판단해서 우리

말로 번역을 간명하게 해 주고, 왜 그런 의미가 나오는지를 간략히 설명해 주는 것이 효과적이겠다는 판단이 들 때에는 유아영어에서도 제한적으로 사용될 수 있는 방법이다.

2) 직접 교수법(Direct Method)

19세기 중반부터 언어교육에 있어서의 구어(spoken language) 교육의 중요성이 부각되었다. 즉 형식적인 문법 중심의 수업을 하지 않고 교실 내에서 목표언어를 직접 사용하는 것이 목표언어를 분석·설명하여 가르치는 것보다 훨씬 더 효과적이라는 주장이 제기 되었다. 이와 같이 외국어를 가르칠 때 학생들의 모국어는 전혀 사용하지 않고 목표언어만 사용하는 방법을 직접 교수법이라고 한다. 이것은 미국에서 Sauveur와 Berlitz가 사용한 이후 널리 알려지게 되었다.

교실 내에서는 학생들은 모국어를 전혀 사용하지 않고 목표언어만 사용하며, 일상적으로 쓰는 생활 어휘나 문장 등을 가르친다. 주로 교사와 유아 간에 목표언어로 질문과 대답을 하는 방식으로 수업을 진행하며 주로 구체적인 어휘를 그림이나 실물을 제시하고, 말하기와 듣기, 특히 발음의 정확성을 강조한다.

그러나 이 방법은 실제의 적용에 있어서 많은 어려움을 야기했다. 외국어를 배우는 실제 교실 상황을 충실히 고려하지 못한 비현실적인 방법이라 할 수 있다. 그 이유는 교사가 원어민에 가까운 목표언어 구사력을 갖추고 있어야 하지만 실제 상황은 전혀 그렇지 않기 때문이다.

유아영어교육에서는 교사가 수업을 진행할 때에 가급적 영어를 많이 사용하여 유아들이 영어를 접하고, 영어로 생각할 수 있는 기회를 많이 주어야 한다. 그러나 훈련을 받은 교사의 부족이라는 한계를 극복해야 한다.

3) 전신반응 교수법(Total Physical Response)

전신반응 교수법은 교사의 지시나 명령에 따라 유아가 신체적 행동을 통해 반응하게 함으로써 외국어를 습득시키는 것이 효과적이고 개념 형성에 도움을 준다는 이해 중심의 교수법이다.

심리학자인 James Asher가 창안한 방법으로 청취 이해를 강조하며, 교사는 유아가 알아들을 수 있는 정도의 목표언어를 사용하여 지시를 받은 유아가 말로 반응을 할 필요 없이 행동으로 보이게 한다고 하여 TPR이라 한다.

유아들의 영어수업에 쓰이는 TPR의 종류를 살펴보면 여러 가지 게임을 비롯하여 role play, chant를 이용한 TPR, 몸으로 이야기 표현하기 등이 있다.

이 방법은 다양한 수업방법을 만들어 낼 수가 있으며 유아들이 실제로 움직여 행동으로 반응을 나타내야 하므로 집중력이 요구되며 더불어 장기 기억에 도움을 주는 학습방법이라 할 수 있다.

4) 청화구두 교수법(Audio-Lingual Method)

행동주의 교육이론과 구조주의 언어학 이론에 기초한 방법으로서 제2차 세계대전 중 미국이 여러 나라 외국어를 훈련시키기 위한 방법으로 사용하였다. 즉 각 외국어의 원어민을 모델로 하여 원어민의 발음을 모방하여 말하기를 익히고, 기초적인 문법도 익히는 방법이다. 이때 목표언어의 발음에 유의하며, 기본 문장들을 소리 내어 반복적으로 연습을 통해 익히는 방법이다.

기계적인 습관 형성을 시키는 방법이라는 비판도 있으나 우리 실정에서는 교사의 발음이 훌륭하지 못한 점을 감안할 때 녹음테이프나 어학 실습실 등을 이용한 청화구두 교수법이 필요한 상황이다.

2. 유아영어교수법

유아교육기관에서 영어교육이 성공적으로 이루어지기 위해서는 교사 위주의 수업에서 벗어나 학습자가 직접 참여하여 실제 언어활동을 할 수 있는 학습자 중심의 수업이 이루어져야 한다. 특히 영어 지도에 있어서 유아의 흥미와 발달수준을 고려해야 하며 외국어 학습의 초기 단계에서는 유아에게 모방과 반복 그 자체를 즐거움으로 받아들일 수 있도록 도와준다. 어떠한 역할을 시켜도 부끄러워하지 않고 아주 활발히 해내는 장점이 있으므로 많은 칭찬과 격려를 통하여 지속적인 흥미를 갖도록 유도한다.

유치원 영어교육의 성공 여부는 교사가 어떻게 유아를 대상으로 적절하게 영어를 지도하느냐라는 수업방법에 달려있다. 유아에게 영어에 대한 관심과 친밀감을 느낄 수 있게 하고 영어 의사소통 능력의 기초적 바탕을 마련한다는 데 그 목표를 둔다면, 무엇보다 흥미로운 방법으로 영어를 가르쳐야 한다(이명조, 1995).

학습동기 및 성취도를 높일 수 있는 구체적인 방법으로 이야기 듣기, 역할극, 인형극, 게임, 영어 노래, 비디오 등을 들 수 있는데 유아들이 이와 같은 활동에 적극 참여하여 직접 경험을 하는 과정에서 영어를 사용할 수 있도록 하는 것이 중요하다. 그리고 유아들의 관심을 지속시키려면 이들의 활동에 변화를 주어야 한다. 또한 그러한 활동의 내용이 유아의 발달단계의 특징에 맞지 않으면 유아들은 저항을 하거나 거부하고 곧 흥미를 잃게 된다.

문해활동에 있어서는 유아들에게 친근한 어휘와 쉽게 동작으로 나타낼 수 있는 쉬운 단어들로, 생활 주변의 사물이나 친근한 내용을 가르치는 것이 효과적이다. 또한 조기 영어교육에 있어서는 흥미, 즉 재미있게 학습을 유도하는 것이 유아의 학습동기를 이끌어 낼 수 있다는 면에서 중요하므로 강압적인 직접적 교수보다는 놀이활동을 중심으로 교수하는 것이 바람직하다.

유아교육기관에서의 영어교육을 학습자가 흥미를 느끼고 자발적인 참여를 유도할 수 있는 방법을 중심으로 구체적으로 살펴보고자 한다.

1) 그림책을 활용한 영어교육

전조작기 유아에게 그림책에 대한 경험은 읽기 학습에 대한 흥미와 태도를 형성하는 첫 단계로서 매우 중요하다. 유아기에 경험한 그림책은 성년이 된 후에도 그 효력을 갖는다고 하여, 그 의미와 중요성이 강조되기도 한다.

유아들은 말하기 전부터 또는 말을 하게 된 후에도 계속해서 어른들이 들려주는 동화를 듣게 되는데 이 시기의 유아들은 이야기의 내용보다 이야기를 들려주는 사람의 체온, 부모와 가족의 사랑, 안정감 등을 느끼면서 정서가 안정되고 분화해 가며 언어의 리듬, 고저, 장단 등의 음악적 요소를 즐기면서 배워간다(강덕신, 1997). 이는 곧 유아에게 흥미와 동기유발을 불러일으키기에 적합한 언어교육이 된다. 이러한 모국어 습득과정에서 흔히 볼 수 있는 방법을 영어 듣기, 말하기 교육에도 활용하면 유아들이 보다 자연스럽고 흥미 있게 영어를 배울 수 있다.

동화는 유아들의 상상력, 사고력, 창의력을 길러 주며 경험을 확장, 풍부하게 해주며, 세상을 잘 이해하며 살 수 있도록 도와주고, 자기를 표현할 수 있고 언어적 능력, 심미적 감상력을 기르는 데 중요한 역할을 한다. 동화를 들려주면 유아에게 흥미와 동기유발을 불러일으키기에 적합한 언어교육이 되며, 모국어 습득과정에서 흔히 볼 수 있는 방법을 영어 듣기, 말하기 교육에서도 활용하면 어린이들이 보다 자연스럽고 흥미 있게 영어를 배울 수 있을 것이다.

그림책을 사용한 영어교육의 장점은 올바른 어감을 쉽고 자연스럽게 습득할 수 있고, 간결하면서 같은 문장이 반복되는 경우가 많아 쉽게 익힐 수 있다는 것이다. 재미있는 문장은 유아들이 반복해서 읽기를 좋아하므로 많은 경우에 반복되는 표현을 쉽게 익힐 수 있다. 유아들이 재미있어 하는 작품으로 연극활동도 하면서 언어를 학습함과 동시에 또래간의 상호작용을 통한 협동과 조화로 생활지도에 큰 도움이 된다.

미국에서 그림책을 대상으로 수여하는 대표적인 도서상으로 칼데콧상이 있다. 칼데콧(Calldecott)상은 삽화가에게 주어지는 상으로 그림의 미술성이나 내용과의 일치성을 고려하여 매년 3~4월에 전년의 출판동화를 대상으로 수여된다.

이렇게 발행되는 영어 그림책을 주로 Authentic 스토리 북이라 할 수 있다.

2) 노래와 챈트를 활용한 영어교육

음악적 요소(음의 고저, 리듬, 음색, 강약, 음의 기억)들을 식별하는 능력은 외국어의 발음과 악센트에 직접적인 영향을 미치는 긴밀한 관계에 있다. 즉, 노래는 언어학과 음악이 함께 공유하는 기반을 지니고 있으므로 외국어 학습에서 노래는 언어지도의 자료로써 유용한 보조수단이 될 수 있고, 나아가 학습 동기유발을 시키는 데 매우 큰 도움이 된다.

노래(song)와 챈트(chant)는 유아들에게 자신감을 심어주고 학습의 초기에 성취감과 성공감을 줄 수 있으며 동작을 함께 할 수 있어서 의미를 이해시키는데 도움이 되고, 지루하지 않은 반복으로 기억력과 집중력을 향상시킬 수 있다. 뿐만 아니라 노래와 챈트는 미국 표준영어 속에 담겨진 음운적 요소나 유형은 물론 그 밖의 기본적인 운율, 고저, 강약 등을 반영하고 있기 때문에 영어의 음운구조를 듣고 이해하는 기술을 익히는데 매우 효과적이다(류재권, 1995).

그러나 노래나 챈트에 의존한 영어교육은 그 자체로서 한계를 갖게 된다. 수업의 어느 시점에 어떤 것은 어떻게 사용할 것인가에 관한 것은 교사의 전문적인 판단에 맡겨야 한다. 수업의 목표에 맞는 노래나 챈트의 선정, 녹음, 비디오 기기의 준비, 필요한 동작과 율동의 도입 여부 등 사전에 많은 준비가 필요하다.

3) 게임을 활용한 영어교육

게임은 이미 배운 영어를 의미 있게 연습하거나 사용할 수 있는 다양한 상황을 제공하고 학습자의 참여를 높이며 부담감을 줄일 수 있다. 또한 학습의 강화, 복습, 발전의 기능, 부담감이 없는 선의의 경쟁적 분위기 조성, 교사에게 즉각적인 피드백(feedback)의 기회를 제공하며, 학습속도 조절, 교사의 역할 변화, 평가의 기능 등을 가지고 있다(문창래, 1995).

학습자의 동기유발과 흥미 지속의 수단으로 수업 분위기의 단조로움을 깨뜨릴 수 있으며, 언어구조, 어휘, 의사소통 등의 연습을 위한 다양한 상황을 창조하여 학습자가 언어를 학습하고 있다는 의식 없이 보다 더 자연스럽게 언어를 연습하고 배울 수 있다는 이점이 있으므로 영어교육에 활용하면 매우 효과적이다. 유아영어교육에 활용할 수 있는 게임의 유형은 다음과 같다.

① 그림게임 : 그림을 사용하는 게임으로 그림을 비교하거나 대조하기, 그림간의 차이점과 닮은 점 찾기, 설명한 순서에 따라 그림 배열하기 등이 있다.

② 카드게임 : 그림카드, 숫자카드, 낱말카드 등을 사용하는 게임으로 카드 따기, 카드가족 모으기, 주사위 던져 말을 옮겨 가며 목표에 도달하기 등이 있다.

③ 마술 : 이 유형의 게임은 하나의 눈속임이지만 언어학습에 있어서 중요한 수단이 될 수 있다. 즉, 마술로 학습자의 주의를

집중시킬 수 있고, 마술 연기와 연결된 언어 입력의 반복으로 주로 듣기학습에 도움을 줄 수 있다.

④ 소리게임 : 사람이나 물건 혹은 카세트를 통해 어떤 소리를 듣고 그 사람의 행위나 사물, 행동을 이해하며 언어로 표현하는 게임이다.

⑤ 이야기 게임 : 긴 주제에 대해 비교적 이야기를 길게 이끌어 가는 것으로 그림을 그려가며 이야기 꾸미기, 이야기 뒷부분 완성하기, 이야기를 듣고 단편적인 그림들의 순서 정하기, 꾸며진 이야기의 순서 바꾸기 등이 있다.

게임을 할 때에는 사전에 게임의 방법과 규칙을 잘 설명해야 하고 게임 후에는 게임을 통해 습득한 내용에 대한 정리 활동을 해 주어야 한다. 그리고 게임을 하면서 언어요소를 충분히 연습할 수 있는지, 점수를 판정할 때 공정한지, 문제가 생길 때 해결할 수 있는 확실한 기준이 마련되었는지, 게임이 과도한 신체활동이나 위험한 도구를 사용하기 때문에 사고의 위험은 없는지를 잘 검토해서 적용해야 한다.

무엇보다도 게임은 재미와 학습목표, 경쟁과 협동의 요소가 잘 조화를 이루도록 고안해야 한다.

4) 시청각 자료를 활용한 영어교육

유아들은 보고 듣는데 익숙하므로 잘 구성된 그림이나 시청각 자료를 제공하면 언어학습에 많은 흥미를 느끼게 된다. 화면과 함께 녹음된 소리는 인쇄된 글이나 음성 자체보다 훨씬 큰 감각적 영향력을 가지고 있다. 유아들은 화면 속의 몸짓이나 얼굴표정 등으로 음성이나 억양에 의해서 전달되는 의미를 더욱 분명히 알 수 있으며, 의미 있는 상황 속에서 목표어를 들으면서 상황과 의미에 집중하고 무의식적으로 목표어를 발음하며 따라 하기도 한다.

시청각 교육은 학습자에게 풍부하고 다양한 시청각 자료(audio-visual)를 제공하여 교육방법의 개선을 꾀하고 교수효과를 높이기 위한 방법이다. 즉, 시청각 교육은 전적으로 언어에 의존하는 교육방법에 대하여 학습자의 흥미 유지와 학습내용의 파지효과에 관한 의문을 제시하고 비언어적인 수단을 적극 활용하여 학습자들에게 풍부하고 구체적인 경험을 제공함으로써 학습동기를 유발하고 학습의 능률화를 꾀하려는 교육방법이다(채준기, 1978).

영어교육을 수행하기 위한 교육매체로서 시청각 자료가 필요한 이유는 학습의 다양화와 능률화에 도움이 되고, 학습의 동기유발과 학습결과 지속화에 도움이 되며 정확한 사고력의 배양, 문제 발견과 해결능력 신장, 기억의 영속화, 교육적 능률의 향상, 영어사용국에 대한 이해의 증진, 경험의 동시화, 의사소통 능력의 배양과 기능의 통합적 지도, 개인차의 최소화 등이 있다. 그리고 학습과정에서 시청각 자료를 사용함으로써 학습자의 적극적인 참여를 유도할 수 있다(배두본, 1990).

시청각 교육방법의 목표는 상황의 제시를 통하여 초보 학습자가 일상적인 표현에 익숙하도록 하는 데 우선적인 목표를 두며 이 단계가 지나면 일반적 화제에 대하여 대화를 하고 특별한 분야에 관한 담화에서의 언어사용까지를 최종 목표로 한다. 시청각 교수법이 가지는 장점으로는 학습의 초기부터 의미 있는 의사소통 중심의 영어를 접할 수 있다는 점과 인쇄된 교재를 사용하지 않고도 직접 교수가 가능하다는 점을 들 수 있다(배두본, 1990).

5) 동극을 활용한 영어교육

영어회화와 말하기 기술을 향상시키기 위해 실제 친구들과 동극이나 연극을 활용한 영어교육이 유치원에서 행해지고 있다. 유아들이 여러 상황 속에서 흥미를 갖고 표현들을 통합적으로 다룰 수 있다는 장점이 있으며 자신감을 갖게 되는 교수법이라 할 수 있다.

동극을 통한 활동들은 유아들이 배워 온 언어를 직접 사용해 보도록 기회를 제공하며 의사소통 능력을 개발시킨다. 또한 유아들의 자발적인 활동을 촉진시켜 주며, 각종 표현양식을 통합적으로 다루기 때문에 유아에게 경험이나 개념을 충분히 표현시킬 수 있다. 경험을 통한 언어습득으로 인하여 장기 기억에 도움을 주며 다른 사람들과 협력하여 연습하는 능력도 길러주게 된다.

무엇보다 중요한 것은 유아들의 흥미와 수준, 그리고 학습내용에 적합한 동극을 선택하는 것이라 하겠다.

6) 파닉스 교수법

파닉스(Phonics)란 구두 음소(phonemes)와 문자로 된 문자소(graphemes) 사이에 있는 관계에 대한 것으로, 듣는 소리가 글로 어떻게 쓰여 지는지 그 관계를 다루는 것이다. 따라서 파닉스를 알려준다는 것은 유아들에게 음성-철자(sound-spelling)의 관계에 대한 것을 학습할 수 있도록 돕는 것이다. 영어의 알파벳은 26자이지만 알파벳이 내는 음은 44개 (혹자는 47개)가 있다. 균형 잡힌 접근에서 파닉스를 다루어 주는 것은 파닉스를 배운 유아들이 읽기 능력이 우수하기 때문이다. 파닉스를 배움으로써 음소를 듣고 발음할 수가 있으며 새로운 영어 단어를 소리에 의해서 식별할 수가 있다. 또한 알파벳의 원리를 쉽게 배우고 이해하도록 도우며, 철자 이해를 향상시킨다. 게다가 영어에 대한 전반적인 통찰력을 얻게 하여 읽기 등 모든 영역에서 이해와 유창성을 갖게 한다.

파닉스를 가르치는 순서에 대한 생각은 학자마다 조금씩 다르다. 자음을 먼저 가르치고 난 후에 모음을 가르쳐야 한다는 관점이 있는

가 하면, 모음을 자음보다 먼저 가르쳐야 한다는 의견이 있다. 그런가 하면 자음과 모음 상관없이 많이 사용하는 순서에 따라 가르쳐야 한다는 주장도 있다.

Chall과 Popp(1996)는 파닉스를 알려주는 데는 순서가 있지만 그 순서가 절대적인 것은 아니며 상황과 유아의 발달 정도에 따라 바뀔 수 있다고 말한다. 그리고 다음과 같이 순서를 정하여야 한다고 말한다.

- 자음을 모음보다 먼저 알려준다.
- 단모음을 장모음보다 먼저 알려준다.
- 장모음을 복합 모음보다 먼저 알려준다.
- 자음 복합을 먼저 알려주고 음절 구분을 알려준다.

(1) 자음

흥미를 느낄 수 있고 쉽게 발음 되는 것을 먼저 익히는 것이 좋으며 다음과 같이 자음 학습순서를 제시한다.

f, l, m, n, r, s, v, z

위에 제시한 자음을 먼저 다룬 후에 나머지 자음을 다루며, c와 g는 나중에 익힌다. 특히 c와 g를 다룰 때는 경음과 연음의 규칙을 알려준다.

예) cat-city, get-giraffe

(2) 모음

모음은 크게 단모음과 장모음, 이중모음으로 나뉜다.

- 단모음은 다음과 같다.

cat, bat, get, wet

- 장모음은 다음과 같다.

  cake, face, date
- 이중모음은 다음과 같다.

  peach, squirrel, bread, treat, deaf

(3) 복합모음

두 개의 알파벳이 한 음을 내는 것을 말한다.

예: braid (ai=a), bay (ay=a), bee(ee=e)

(4) 복합자음

복합자음(혹은 자음 혼합), 그 중에도 어두 혼합에서 어미 혼합의 순서로 알려준다.

- 어두 혼합: [bl], [cl], [fl], [pl],

  예: blind cloud, flower, plot
- 어미 혼합: [sk], [mp], [nk], [nt]

  예: ask, lamp, pink, plant

다음은 한소리 두 글자 복합자음이다.

- 어두 : [ch], [sh], [th], [wh]

  예 : champ, ship, thank, when
- 어미 : [ch], [sh], [th], [tch]

  예 : rich, fish, with, hatch

소리 나지 않는 자음 : knife, knight

(5) 음절

음절지도는 유아가 읽기를 능숙하게 하도록 도움을 준다. 일반적으로 음절지도는 1음절의 단어를 먼저 알려주고 이어서 2, 3, 4음절 구분을 알려준다.

1음절 단어: cat, bat, sit, tap
2음절 단어: apple, bedroom, football, pencil
3음절 단어: terrible, beautiful
4음절 단어: watermelon

음절지도 시 음절의 수만큼 손뼉을 치며 읽거나, 책상을 두드리며 읽도록 지도하여 흥미 있는 학습이 되도록 유도한다. 그 밖에도 주머니를 활용한 게임도 효과적이다. 1음절 단어 주머니, 2음절 단어 주머니, 3음절 단어 주머니를 준비하여 유아가 단어카드를 읽으면서 올바른 음절 주머니에 넣도록 한다.

제4장 Authentic Book을 활용한 유아영어교육에 대한 이해

1. Authentic Book의 특징

1) Authentic Book에 대한 정의

authentic의 사전적 정의는 '믿을만한', '진짜의'를 의미한다(네이버 백과사전, http://dic.naver.com). 즉 authentic book은 출처가 분명하여 책의 내용에 대한 책임을 물을 수 있는 믿을만한 책을 의미한다. 그러나 교육에 활용하기 위한 문학책은 출처의 분명함뿐 아니라 내용이 양질의 것이어야 한다. 그러므로 각국의 권위 있는 단체에서 수여하는 도서상을 수상한 문학책들이야말로 Authentic Book이라고 할 수 있다.

예를 들면 한스 크리스천 안데르센 상(The Hans Christian Anderson Medal)은 작은 노벨상이라고도 불릴 정도로 국제적으로 공인된 영예로운 상이다(장혜순, 1997). 덴마크 태생의 세계적인 동화작가 안데르센을 기리며 1956년부터 국제어린이도서위원회(IBBY: International Board on Books for Young People)에서 전 세계 아동문학 작가와 일러스트레이터에게 수여하는 국제적인 상이다. 그밖에 미국의 경우, 미국어린이도서관협회에서 매년 좋은 그림책을 선정하여 수여하는 칼데콧 상, 미국도서관협회에서 수여하는 뉴베리상이 있다. 우리나라는 대한출판문화협회가 1980년에 제정하고 계속 주관해오고 있는 한국 어린이 도서상이 있다. 이 상은 일러스트레이션, 제작, 기획, 편집, 특별상 등으로 나누어 수여하고 있다. 그 밖에도 도서출판 비룡소가 주관하는 상으로 황금도깨비상이 있다. 이러한 아동문학 도서상들은 국내 아동문학에 새로운 힘을 불어넣고 양질의 아동문학책 탄생에 큰 견인차의 역할을 하고 있다.

2) 선정 방법

유아를 위한 문학작품을 선정하기 위해서는 몇 가지 고려해야 할 사항이 있다. 일반적으로 문학적 요소, 미술적 요소, 교육적 요소를 고려해야 하고 다양한 장르의 작품을 고르게 경험할 수 있도록 선정해야 한다. 이 밖에도 접근 가능성을 고려해야 한다. 즉, 좋은 책이긴 하나 이미 절판이 되었거나 전집으로 판매를 하여 필요하지 않은 책과 함께 구매해야 하기 때문에 많은 비용을 지불해야하는 경우가 있을 수 있다.

여러 이론과 현장 교사들의 의견을 종합해서 이송은과 이선영(2005)은 다음과 같은 평가 준거를 마련하였다.

첫째, 유아들에게 즐거움을 주는 책인가?

둘째, 유아가 이해할 만한 수준인가?

셋째, 주제는 가치 있고 새겨볼만한 것인가?

넷째, 그림은 개성이 있으면서 글과 조화를 이루는가?

다섯째, 글은 즐겁고 새로운 언어 체험을 제공하는가?(반복과 예측, 어휘)

여섯째, 그림과 글은 유아의 상상력과 호기심을 자극하고 창의적인 사고를 하도록 격려하는가?

일곱째, 인종이나 성, 연령에 대한 고정관념을 탈피하는가?

여덟째, 적은 비용으로 쉽게 구할 수 있는 책인가?

2. Authentic Book 내용에 따른 통합적 활동계획

서정숙(2001)은 문학교육 활동을 위해서는 두 가지의 교수계획안 구성방법이 있다고 하였다. 즉, 유아교육기관에서 현재 실시하고 있는 생활주제에 맞추어 짤 수도 있고, 문학교육을 위한 별도의 문학단원으로 짤 수도 있다.

첫 번째 유형은 단원을 정하고 다시 이에 대한 하위단원을 정한 후 그 하위단원과 관련되는 그림책으로 문학단원 교수계획안을 짜는 것이다. 예를 들어 '동물'을 문학단원으로 선정한 후 이에 속하는 하위 범주, '내가 좋아하는 동물', '동물의 종류', '동물의 특성'을 정하고 관련 그림책을 연결시켜 교수계획을 짤 수 있다.

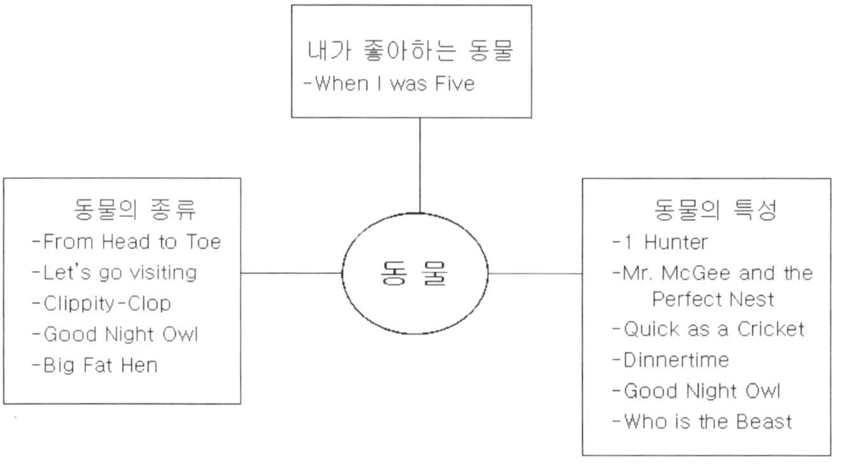

[그림 4-1] 문학단원 교수계획 첫 번째 유형

두 번째 유형인 문학단원을 선정하고 계획하는 방식은 생활주제와 관련 없이 계획하는 것이 가능하다. 예를 들어 에즈러 잭의 그림책을 문학단원으로 하여 그림과 같이 계획안을 짤 수 있다.

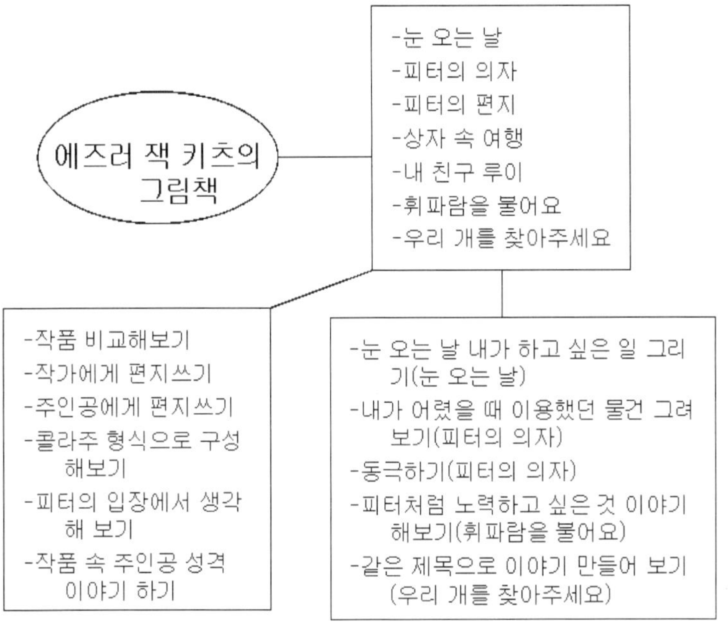

[그림 4-2] 문학단원 교수계획 두 번째 유형(서정숙·남규, 2005)

위에 제시한 첫 번째 방법과 같이 유아교육기관에서의 영어학습을 기존에 진행되고 있는 교육주제와 일치하는 도서를 활용하여 가르치는 것이 가장 이상적이다. 그러나 영어로 저작된 아동도서 주제가 특정 주제들로 편중되었다는 것과 영어권 국가의 사회, 문화적 차이에서 오는 내용의 차이 등 때문에 우리나라 교육과정과 일치시키는 것이 어려울 때에는 두 번째 방식을 활용할 수도 있다.

그 밖에 고려할 점은 우리나라는 EFL 환경임을 감안하여 문학책에서 다루는 단어와 문장들의 위계성을 고려하여 조직해야 한다는 점이다. 즉, 먼저 다루었던 책의 단어와 문장을 기초로 다음 책을 조직한다면 아동은 선행 경험이 바탕이 되어 학습의 효과가 더욱 높아질 것이다.

1) 언어활동

유아교육 활동에서 언어활동의 중요성은 두 가지 측면으로 이해된다. 첫째, 유아기는 언어를 습득하는 중요한 시기에 있으며, 이 언어를 습득하여 자신이 속한 사회집단에서 의사소통을 원활하게 할 수 있게 된다. 둘째, 언어는 모든 학습을 위한 도구적인 성격을 갖는다. 유아영어교육에서도 언어로서의 영어를 교육할 때 의사소통의 수단으로서만이 아닌 학습의 기본 도구로서 영어의 중요성을 이해해야할 것이다. 즉, Cummins(1991)이 강조했듯이, 영어교육이 사람 사이의 기본적인 의사소통 기술: BICS(Basic Interpersonal Communication Skills)에 치우쳐서는 안 되며, 인지적·학문적 언어구사능력: CALP (Cognitive Academic Language Proficiency)도 균형 있게 다루어야 한다.

이와 관련하여 우리나라 유치원 교육과정에서 언어생활영역을 살펴보고 유치원 교육과정과 어떻게 유아영어교육을 연계할 수 있을지 살펴보도록 하겠다.

(1) 유치원 교육과정 언어생활영역에 대한 이해

① 성격

언어생활은 유아가 일상생활에서 언어사용을 즐기며, 의사소통 능력을 기르고, 바른 언어사용 능력과 태도를 기르기 위한 영역이다.

이 영역은 '듣기', '말하기', '읽기', '쓰기'의 네 가지 내용으로 구성한다.

'듣기'는 일상적인 이야기와 문학작품을 듣는 가운데, 바르게 듣고 이해하는 능력을 기르고, 문학적 흥미와 우리말의 재미를 느끼도록 하는 데 중점을 둔다.

'말하기'는 자신의 생각과 느낌을 바르게 말하는 능력을 기르며, 상대방을 배려하여 말하는 태도를 기르는 데 중점을 둔다.

'읽기'는 주변의 친숙한 글자나 책의 내용에 대해 궁금해 하며 글의 의미에 관심을 가지도록 하는 데 중점을 둔다.

'쓰기'는 자신의 생각과 느낌을 그림이나 긁적거리기 등 다양한 형태로 나타내기를 즐기며, 여러 가지 쓰기도구에 관심을 가지는 데 중점을 둔다.

언어생활영역의 교육활동에서는 이야기 나누기, 동화 읽어주기 등의 교사 주도적인 활동과 또래와의 역할놀이, 동극 등 유아 주도적인 활동 간의 균형을 고려한다. 특히 초등학교 단계의 글자교육이 아닌 점에 유의하여 읽기, 쓰기에 관심을 가지고, 긁적거리기, 그림책 보고 이야기하기 등의 활동을 통하여 말과 글에 자연스럽게 친숙해지도록 한다.

② 목표

말과 글을 즐겁고 바르게 사용하기 위한 기초 능력과 태도를 기른다.

가. 말하는 사람의 의도를 고려하여 주의 깊게 듣고 이해한다.

나. 자신의 생각과 느낌을 적절하게 말한다.

다. 주변의 글자와 책에 친숙해지는 경험을 통하여 읽기에 관심을 가진다.

라. 글자의 기능을 인식하고 자신의 생각과 느낌을 그림이나 글로 나타내는 데 관심을 가진다.

③ 내용체계

하위 영역	내 용
듣기	낱말과 문장 듣고 이해하기 이야기 듣고 이해하기 문학작품 즐겨 듣기 바른 태도로 듣기
말하기	낱말과 문장으로 말하기 생각과 느낌 말하기 이야기 지어 말하기 바른 태도로 말하기
읽기	읽기에 관심 가지기 책에 관심 가지기
쓰기	쓰기에 관심 가지기 쓰기 도구 사용하기

④ 지도상 유의점

교사는 다음 사항에 유의하여 지도하도록 한다.

첫째, 문자언어 발달의 기초인 음성언어 발달의 중요성을 인식하고 이를 위한 다양한 활동을 계획하고 실시한다. 유아에게 익숙한 음성언어를 통하여, 언어의 다양한 기능을 익히고 즐기는 성향을 갖게 함으로써, 유아가 호기심과 흥미를 가지고 문자언어를 익히고자 하는 동기를 갖도록 지도한다.

둘째, 유아의 문자언어 발달에 있어, 환경 및 자료의 중요성을 인식하고 이를 언어활동에 적극적으로 반영하도록 한다. 특히 쓰기영역뿐 아니라, 학급의 곳곳에 쓰기 도구를 비치하여 둠으로써, 유아들이 쓰기의 필요성을 느낄 때 언제라도 쉽게 그림이나 긁적거리기로 자신의 생각을 표현할 수 있도록 한다.

셋째, 교사는 유아가 적극적으로 언어 사용에 대한 원리를 구성해 나가도록 의미 있고 실제적인 활동을 제공한다. 이를 위해 기능적이고 실제적인 맥락 속에서 언어 사용의 효과를 경험할 수 있는 다양한 활동이 제시되도록 한다.

(2) 언어생활 활동의 통합적 운영

① 통합적 활동안

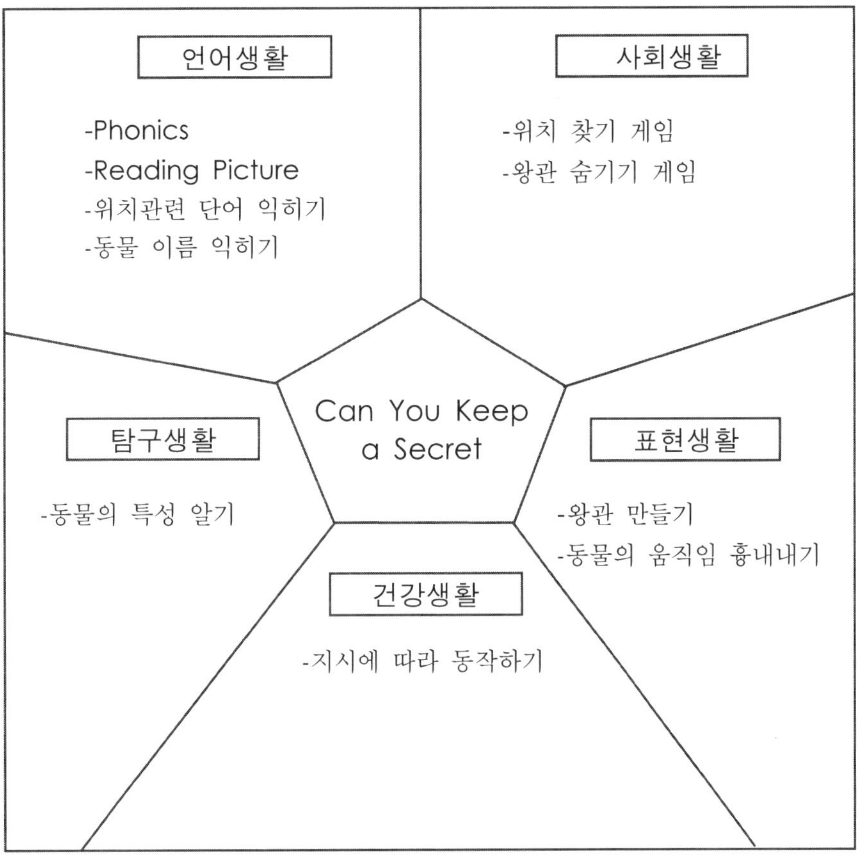

② 언어생활 활동

활동명: reading picture

목 표 : 그림을 통해 이야기 내용을 이해한다.

자 료 : 책

내 용 :

- 책의 표지를 보여주면서 어떤 그림이 보이는지, 어떤 내용의 이야기일지 생각하고 발표할 기회를 준다.
- 책의 제목을 읽는다.
- 책의 저자, 삽화가, 출판사를 읽는다.
- 겉장을 넘기고 속지의 그림을 본다. 어떤 그림이 있는지, 어떤 내용일까 생각해보고 발표할 기회를 준다. 이런 방법으로 각 페이지를 살펴본다.

※ 그림책의 한 장면에서 너무 많은 질문을 하여 유아들이 흥미를 잃지 않도록 주의한다.

활동명: 위치관련 단어 익히기

목 표 : 위치관련 단어를 이해한다.

자 료 : 기본 그림판(4절 크기의 종이에 큰 테이블 그림이 중앙에 있다. 함석판을 이용하여 제작한다) 자석 글자카드(under, behind, inside, between, next), 자석 그림카드(왕관, 공, 책, 남자아이)

내 용 :

- 그림책의 내용 중 위치관련 단어들이 나왔던 장면을 다시 한 번 읽는다. 이때 위치관련 단어에 집중하여 읽는다.

- 준비된 자료 중 기본 그림판을 유아들에게 보여준다. 무슨 그림인지 말한다.
- 자석 그림카드를 보여준다. 각 그림의 정확한 단어를 가르쳐준다.
- 교사가 문장을 이야기 하고 유아가 그림을 정확한 위치에 붙이도록 기회를 준다.
  ("A crown is under the table."/ "A boy is behind the table")
- 유아가 문제를 내고 또 다른 유아가 그림을 기본 그림판에 붙이도록 기회를 준다.

활동명: 동물이름 익히기

목 표 : elephant, lion, hippopotamus, bear 이름을 익힌다.
자 료 : 동물 그림카드, 동물 글자카드
내 용 :

- 동화책 내용에 나왔던 동물에는 어떤 것들이 있는지 생각하고 발표한다.
- 동화책을 한 번 더 들려준다.
- 동화책에 나왔던 동물이 어떤 것이 있었는지 다시 질문한다. 유아들이 답하는 동물의 그림카드를 융판에 붙인다.(코끼리, 사자, 하마, 곰)
- 교사가 말하는 동물의 그림카드를 고르도록 유아에게 기회를 준다(앞에 나와 시도해보도록 기회를 준다).

2) 건강활동

'건강한 신체에 건전한 정신이 깃든다'는 말이 있듯이 교육의 기초는 건강한 몸과 마음에 두어야 한다. 유아를 교육활동은 그들의 건강한 몸과 마음 육성이라는 과제를 항상 염두에 두어야 한다. 신체적으로 발달과정에 있는 시기이므로 교육활동 안에 유아의 기초체력을 기르고 기본 운동능력들을 기를 수 있는 활동을 마련하여 제공해야 한다.

(1) 건강생활영역에 대한 이해

① 성 격

건강생활은 긍정적 자아개념과 일상생활에 필요한 기초 체력을 기르며, 유아의 심신을 조화롭게 발달시키기 위한 영역이다.

이 영역은 '나의 몸 인식하기', '나의 몸 움직이기', '건강하게 생활하기', '안전하게 생활하기'의 네 가지 내용으로 구성한다.

'나의 몸 인식하기'는 기본적인 감각기능을 기르고 자신의 신체를 긍정적으로 인식하도록 하는 데 중점을 둔다.

'나의 몸 움직이기'는 유아기에 해야 할 운동을 체계적이고 규칙적으로 실시하여 기본적인 운동능력을 기르고 기초 체력을 증진하는 데 중점을 둔다.

'건강하게 생활하기'는 청결, 영양, 질병 예방, 휴식을 통한 신체 건강뿐 아니라 정신 건강을 유지하고 건강한 생활습관을 형성하는 데 중점을 둔다.

'안전하게 생활하기'는 자신과 타인의 몸을 소중히 여기고, 우리 주변에서 발생할 수 있는 위험을 예방하며, 재난에 대비하는 데 필요한 지식과 기능 및 태도를 기르는 데 중점을 준다.

건강생활영역의 교육활동에서는 다양한 감각 및 신체활동을 통하여 생활교육으로 이루어지게 하며 다른 영역의 내용과 통합해 다루도록 한다. 특히 감각기관을 적극적으로 활용하고 다양한 방법으로 몸을 활발하게 움직일 수 있는 기회를 규칙적으로 제공한다. 또한 실내·외 신체활동을 통해 긴장감을 해소하고 즐거움을 느끼게 하며, 안전하고 쾌적한 환경을 제공하여 건강한 생활을 할 수 있게 한다.

② 목 표

자신의 신체를 긍정적으로 인식하고 생활에 필요한 기초 체력을 기르며, 건강하고 안전한 생활습관을 가진다.

가. 자신의 몸과 주변 세계를 긍정적으로 인식한다.

나. 기본 운동능력과 기초 체력을 기른다.

다. 건강한 몸과 마음을 기른다.

라. 안전한 생활습관을 가진다.

③ 내용체계

내용	하위 내용
나의 몸 인식하기	감각기관을 활용하기 나의 몸을 인식하고 움직이기
나의 몸 움직이기	이동하며 움직이기 제자리에서 움직이기 도구 및 놀이시설을 활용하기 바깥에서 신체활동하기
건강하게 생활하기	몸과 주변을 깨끗이 하기 바른 식생활 하기 질병 예방하기 즐겁게 생활하기
안전하게 생활하기	나와 다른 사람의 몸을 소중히 하기 안전하게 놀이하기 교통안전 규칙 지키기 위험한 상황을 알고 대처하기 환경오염이나 재난에 대비하기

④ 지도상 유의점

교사는 다음 사항에 유의하여 지도하도록 한다.

첫째, 감각을 통해 자신의 몸과 주변 세계를 바르게 인식하도록 유아의 발달수준을 고려한다. 이를 위해 다양한 수준의 도구와 활동을 마련하여 제공한다.

둘째, 넓은 공간이나 바깥에서 규칙적으로 활동함으로써 유아기에 필요한 기본 운동기능과 기초 체력을 기르도록 한다. 교사는 유아의 흥미와 관심이 자연을 향하도록 바깥놀이 활동 범위를 점차 확대하여 계획하고, 안전한 장소에서 유아가 충분히 뛰어놀 수 있도록 한다.

셋째, 대근육 활동 시 교사는 체계적 활동을 통해 유아가 몸을 움직임으로써 신체를 조절하고 성취감을 맛볼 수 있도록 지도한다. 이를 위해 교사는 발달에 적합한 활동을 구성하여 유아의 흥미와 관심을 높여 적극적으로 활동에 참여할 수 있도록 한다.

넷째, 유아의 건강생활은 일과 중 활동을 통해 생활교육으로 이루어지게 해야 한다. 무엇보다 유아의 건강상태와 신체리듬을 고려하여 규칙적인 생활을 할 수 있도록 지도하며, 스스로 이 닦기와 손 씻기, 주변을 깨끗이 하기, 바른 식생활과 옷 입기 등을 실천함으로써 건강하고 안전한 생활습관과 태도를 갖도록 한다.

다섯째, 교사는 유아가 안전하게 놀이할 수 있도록 유의해야 한다. 활동 공간에 따른 적절한 인원 수, 기구의 견고성, 공간 바닥 등에 대해 정기적으로 안전점검을 실시하고, 기구나 도구의 안전한 사용법을 지도하여 유아 스스로 자신의 안전을 지킬 수 있는 능력과 태도를 갖도록 한다.

여섯째, 유아기는 신체를 조절하거나 환경을 지각하는 능력이 부족한 시기이므로 안전사고를 예방해야 한다. 이를 위해 위험한 장소, 위험한 놀이, 여러 가지 재난에 대해 유아가 자신을 보호할 수 있는

지식, 기능, 태도를 기르도록 지속적으로 지도한다.

(2) 건강생활 활동의 통합적 운영

영어 그림 동화책을 중심으로 하여 건강생활 활동을 구성할 수 있으며 그 밖에 다른 생활 활동을 통합적으로 구성할 수 있다. 본 장에서는 Brush Your Teeth Please를 중심동화로 하여 건강생활 활동을 포함한 통합적 교육활동 구성안을 제시하겠다.

① 통합적 활동안

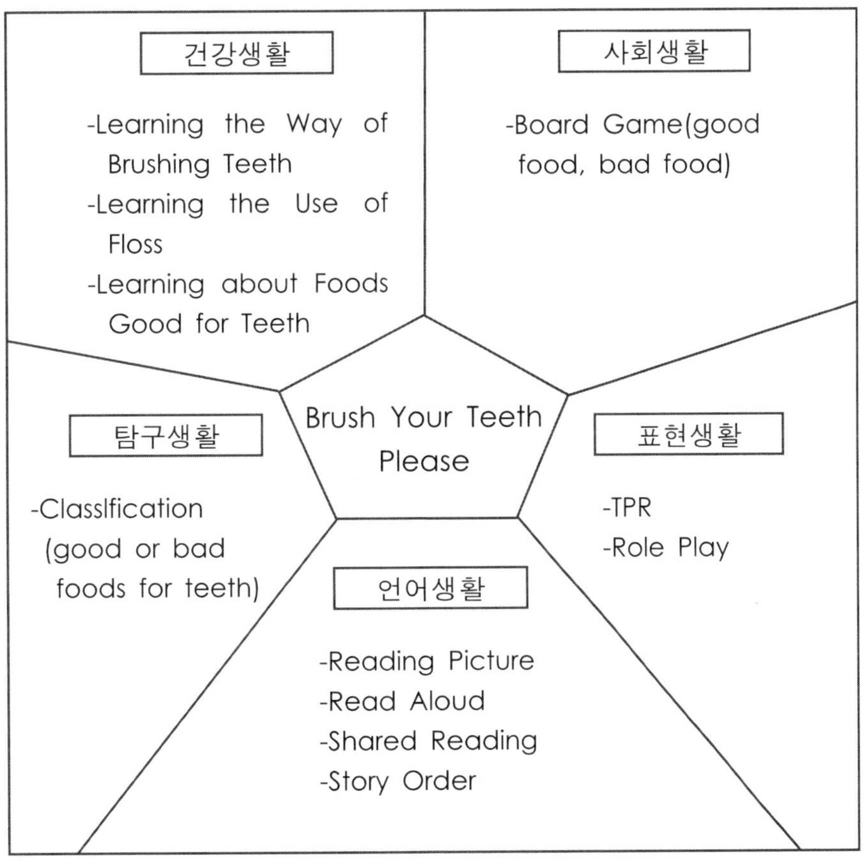

② 건강생활 활동

활동명: 양치질을 바르게 하자

목 표 : 바른 양치질 방법을 배우고, 실천한다.

자 료 : 치아모형, 칫솔

내 용 :

- 오늘 아침에 양치질을 했는지 묻는다.
- 치아모형과 칫솔을 보여주며 무엇인지 이야기를 나눈다.
- 서너 명의 유아에게 양치질 하는 방법을 발표할 기회를 준다.
- 바른 칫솔질을 가르쳐준다.
- 유아들이 배운 내용을 실습해 볼 수 있는 기회를 준다.
- 실제 칫솔과 치약을 이용하여 양치질을 해 볼 수 있는 기회를 준다.
- 배운 방법대로 양치질 했을 때의 느낌이 어땠는지 발표할 기회를 준다.

활동명: 치실을 사용해요

목 표 : 치실 사용방법을 배우고, 실천한다.

자 료 : 치실, 치실 사용방법 그림자료.

내 용 :

- 치실을 보여준다.
- 무엇인지 묻는다.
- 치실을 사용해 보거나 사용하는 모습을 본 적이 있는 유아들에게 발표의 기회를 준다.
- 치실 사용방법을 보여준다.

- 한 명의 유아가 앞에서 치실을 사용해 볼 수 있도록 기회를 준 후 경험에 대한 느낌을 발표하도록 한다.
- 모든 유아에게 적당한 길이의 치실을 나누어 준 후 각자 배운대로 치실을 사용해 보도록 한다. (가능하면 화장실에서 사용하게 한다)
- 교실로 돌아와 경험을 발표할 기회를 준다.

활동명: 치아에 좋은 음식과 좋지 않은 음식

목 표 : 치아 건강을 위해 좋은 음식과 좋지 않은 음식을 알고 구별할 수 있다.

자 료 : 치아그림(울고 있는/웃고 있는), 음식(멸치, 우유, 사탕, 초콜릿), 주사위

내 용 :

- 두 장의 치아그림을 보여준다.
- 왜 웃는지 / 왜 우는지 추측하여 대답할 기회를 준다.
- 음식그림을 보여주며, 치아에 좋은 음식인지, 좋지 않은 음식인지 묻는다. 처음 몇 개의 그림은 유아들과 이야기를 나눈 후 교사가 붙이고, 나머지 음식그림은 유아들이 앞에 나와 직접 분류하여 붙여 볼 수 있도록 기회를 준다.
- 각 그림판에 붙여진 음식그림을 전체적으로 읽어본다.
- 이야기 나누기 자료를 이용하여 게임하는 방법을 알려준다. 자료를 조작영역에 제시하여 유아들이 자유놀이시간에 게임활동을 할 수 있도록 한다.

3) 표현활동

인간은 본능적으로 자신을 표현하고자 하는 욕구를 지니고 있다. 유아들은 여러 가지 방식을 통해 늘 자신을 표현한다. 특히 언어적 능력이 아직 덜 발달된 유아들은 움직임을 통해서 자신을 표현한다. 필기도구를 수단으로, 자신의 신체동작을 수단으로, 음악을 수단으로 해서 자신의 생각과 느낌을 표현한다. 인간은 표현욕구가 저지당할 때 심리적 갈등이 생기게 되고 정서적으로 좋지 않은 결과를 초래할 수 있다. 따라서 유아기 교육활동은 유아의 표현 욕구를 충분히 반영할 수 있도록 준비되어야 한다.

(1) 표현생활영역에 대한 이해

① 성격

표현생활은 풍부한 감성과 심미적 태도 및 창의적 표현력을 기르며, 다양한 예술표현 방식을 존중하고 즐기는 태도를 기르기 위한 영역이다.

이 영역은 '자연과 생활에서 아름다움 찾아보기', '예술적 표현 즐기기', '감상하기'의 세 가지 내용으로 구성한다.

'자연과 생활에서 아름다움 찾아보기'는 유아가 자연과 주변 환경에서 자연스럽게 접할 수 있는 소리나 음악, 움직임, 조형물에 관심을 기울이며, 예술활동의 기본이 되는 다양한 요소를 찾아보는 경험에 중점을 둔다.

'예술적 표현 즐기기'는 유아가 다양한 예술활동에 참여하여 생각과 느낌을 자유롭게 표현하는 데 중점을 둔다. 또한 음악, 움직임과 춤, 조형활동, 극놀이를 통합적으로 경험하며 예술활동 과정을 즐기는 데 중점을 둔다.

'감상하기'는 유아나 다른 사람이 표현한 예술작품 및 자연과 생활속의 아름다움, 우리 전통예술에 유아가 관심을 가지고 즐기도록 하는데 중점을 둔다.

표현생활영역의 교육활동에서는 특정한 예술적 개념이나 기능 습득 보다는 생각과 느낌을 자유롭고 창의적으로 표현해보는 경험을 중심으로 한다. 직접 보고, 듣고, 만지고 느껴보는 능동적인 활동 과정을 강조하고 유치원의 일과 중 자연스럽게 다양한 탐색 및 감상활동의 기회를 제공하며, 대・소집단 활동과 자유선택활동에서 골고루 경험하도록 통합적으로 다루도록 한다.

② 목표

생각하고 느낀 것을 예술적으로 표현하고 감상함으로써 심미적 태도와 창의적 표현력을 기른다.

가. 자연과 생활 속에서 예술적 요소를 찾아본다.

나. 생각과 느낌을 음악, 움직임과 춤, 조형, 극놀이 및 통합적 활동으로 표현하는 과정을 즐긴다.

다. 자연과 사물, 다양한 예술작품과 우리 전통예술 등을 감상함으로써 풍부한 감성과 심미적 태도를 기른다.

③ 내용체계

내용	하위 내용
자연과 생활에서 아름다움 찾아보기	소리 · 움직임 · 조형물에 관심 가지기 예술적 요소 찾아보기
예술적 표현 즐기기	음악으로 표현하기 움직임과 춤으로 표현하기 조형활동으로 표현하기 극놀이로 표현하기 통합적으로 표현하기 창의적인 표현과정 즐기기
감상하기	아름다움 느끼기

감상하기	예술적 표현 존중하기 우리 전통예술 감상하기

④ 지도상 유의점

교사는 다음 사항에 유의하여 지도하도록 한다.

첫째, 유아를 둘러싼 자연이나 주변 환경에서 친근하게 접할 수 있는 대상에서 예술적 요소를 자발적으로 찾아보도록 한다. 소리, 음악, 움직임 및 조형물에 대해 관심을 가지고 찾아보는 경험은 유치원의 일과 중에 자연스럽게 이루어지도록 지도한다.

둘째, 유아가 예술적 활동에 대해 개별적인 생각과 느낌을 표현하는 과정을 즐기도록 자유로운 분위기를 조성한다. 교사는 유아가 소리와 음악, 움직임과 춤, 만들기와 그리기, 극놀이 활동의 자유로운 표현과정에서 자신의 생각이나 느낌을 좀 더 풍부하게 확장해 나가도록 지도한다. 교사가 미리 정해 놓은 활동을 유아가 그대로 따라하게 하거나, 한 가지 정답이나 모델만을 제시하고 언어적으로 표현하도록 하기, 만들어진 결과물에 대해서만 격려하고 전시하기 등은 유아의 창의적인 표현을 감소시킬 수 있으므로 유의한다.

셋째, 소집단・대집단 활동뿐 아니라 자유선택활동에서 예술적 표현활동을 수시로 제공하되 유아가 개별적으로 활동과정에 몰입하도록 적극 지원한다. 유아가 표현활동에 지속적으로 참여함으로써 점차 자신만의 독특한 표현방식을 시도하고 즐기도록 지도한다.

넷째, 유아가 사전 경험이나 흥미에 따라 활동을 스스로 선택하여 자기 나름의 의미를 갖도록 지도한다. 이를 위해 생활 속에서 친근하게 자주 접하는 자연, 음악, 조형작품 등을 자연스럽게 보고, 듣고, 만지는 경험을 통해 아름다움을 느끼고, 표현하며, 이를 즐겨 감상할 수 있도록 배려한다.

다섯째, 교사는 유아의 창의적인 표현을 존중하는 태도를 지닌다.

유아가 창의적이고 개별적으로 표현한 음악, 움직임, 춤, 조형작품, 극놀이에 대해 표정, 몸짓, 언어 등을 이용하여 긍정적으로 지지해 준다.

여섯째, 음악, 춤, 조형, 극놀이 활동 등은 가능한 통합적으로 이루어지도록 한다. 예를 들면 세찬 바람 소리를 그림으로 표현한 후에 이를 움직임이나 춤으로 나타낼 수 있다. 다양한 예술적 요소를 찾아보고 표현하며 감상하는 것은 정해진 순서 없이 한 활동에서 통합적으로 경험되도록 지도한다.

(2) 표현생활 활동의 통합적 운영

① 통합적 활동안

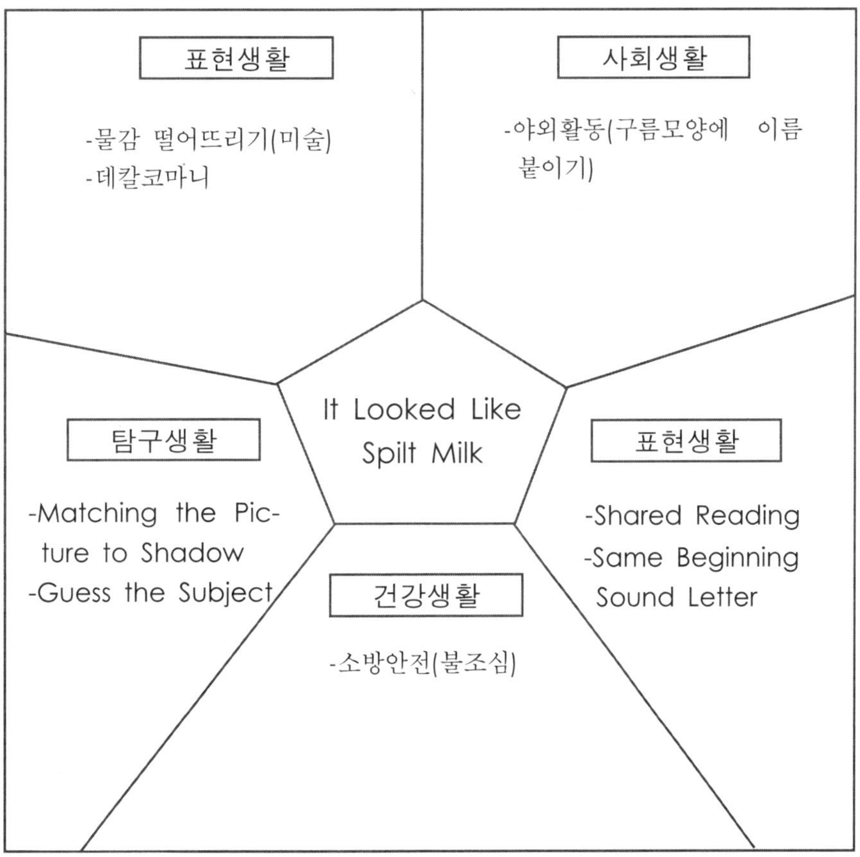

② 표현생활 활동

활동명: 물감 떨어뜨리기

목 표 : 우연에 의한 무늬를 만들고 어떤 모양을 닮았는지 생각해 제목을 만들어 봄으로써 창의적 사고를 기른다.

자 료 : 검은 도화지, 흰색 물감, 붓, 연필, 작업순서도

내 용 :

- 준비된 미술활동 자료를 살펴본다(검은 도화지, 흰색물감, 붓, 연필).
- 준비된 자료를 이용하여 어떤 활동을 할 수 있을지 생각하여 발표할 기회를 준다. 유아들의 다양한 반응을 수용하고 다양한 사고를 격려해 준다.
- 작업순서도를 보면서 미술활동 방법을 알아본다.
- 교사가 작업순서도에서 지시한대로 시범을 보인다. 완성된 그림에서 어떤 모양이 연상되는지 질문한다. 그림 아랫부분에 제목을 정하여 쓴다.
- 유아들이 미술활동을 한다. 특별한 도움을 필요로 하는 유아에게 도움을 준다.
- 활동을 마친 유아는 작품을 말리는 곳에 두고 손을 씻을 후 다음 활동을 하도록 한다.

※ 귀가 전 대집단 시간에 모여앉아 친구의 작품을 감상할 기회를 갖는다.

활동명: 데칼코마니

목　표 : 우연에 의한 무늬를 만들고 어떤 모양을 닮았는지 생각해 제목을 만들어 봄으로써 창의적 사고를 기른다.

자　료 : 물감, 도화지, 연필, 작업순서도

내　용 :

- 준비된 미술활동 자료를 살펴본다(도화지, 물감, 연필).
- 준비된 자료를 이용하여 어떤 활동을 할 수 있을지 생각하여 발표할 기회를 준다. 유아들의 다양한 반응을 수용하고 다양한 사고를 격려해 준다.
- 작업순서도를 보면서 미술활동 방법을 알아본다.
- 교사가 작업순서도에서 지시한대로 시범을 보인다. 완성된 그림에서 어떤 모양이 연상되는지 질문한다. 그림 아랫부분에 제목을 정하여 쓴다.
- 유아들이 미술활동을 한다. 특별한 도움을 필요로 하는 유아에게 도움을 준다.
- 활동을 마친 유아는 작품을 말리는 곳에 두고 손을 씻을 후 다음 활동을 하도록 한다.

※ 귀가 전 대집단 시간에 모여앉아 친구의 작품을 감상할 기회를 갖는다.

4) 탐구활동

호기심은 인간이 가진 본능적 특성이다. 인간은 태어나면서부터 주변 환경과 사물을 능동적으로 탐색한다. 이런 태도가 인간의 사고 과정을 촉진하고 발달시키는 원동력이 된다.

(1) 탐구생활영역에 대한 이해

① 성격

탐구생활은 자연을 존중하는 마음을 바탕으로 창의적으로 사고하고 탐구하며, 논리적이고 합리적으로 문제를 해결하는 능력과 태도를 기르기 위한 영역이다.

이 영역은 '탐구하는 태도 기르기', '과학적 기초 능력 기르기', '수학적 기초 능력 기르기'의 세 가지 내용으로 구성한다.

'탐구하는 태도 기르기'는 주변의 사물과 자연환경에 대해 지속적으로 호기심을 가지고 적극적으로 탐구하며, 창의적으로 사고하는 태도를 기르는 데 중점을 둔다.

'과학적 기초 능력 기르기'는 유아가 주변의 사물과 생명체 및 자연현상에 대하여 능동적으로 탐구하는 경험을 통하여 자연을 존중하는 마음과 과학적으로 사고하는 능력을 기르는 데 중점을 둔다.

'수학적 기초 능력 기르기'는 유아가 주변을 탐색하고 놀이하면서 부딪히는 문제를 논리 · 수학적으로 해결하는 경험을 통하여 기초적인 수, 공간 및 도형과 측정에 대한 통찰력을 기르며, 규칙성을 이해하고 자료 정리 및 결과 나타내기의 능력을 기르는 데 중점을 둔다.

탐구생활영역의 교육활동에서는 다양한 실물 자료와 자연체험의 기회를 풍부하게 제공하여, 유아가 자발적으로 문제를 발견하고 탐구하는 과정에 적극적으로 참여하도록 한다. 유아가 일상생활 경험에서 구성한 지식을 바탕으로 다양한 시도를 해보고 추론하는 활동을 통해 과학적 · 수학적 기초 능력을 의미 있게 확장해갈 수 있도록 한다. 탐구결과와 생각을 구체물, 그림, 표, 쓰기, 말하기 등의 다양한 매체를 사용하여 나타내고 다른 사람과 공유하도록 한다.

② 목표

자연을 존중하고, 창의적으로 탐구하며, 논리적으로 문제를 해결하기 위한 기초 소양을 기른다.

가. 사물과 자연현상에 대해 호기심을 가지고 지속적으로 탐구하는 태도를 기른다.
나. 사물과 자연현상에 대한 기초 지식을 이해하고 탐구하는 능력을 기른다.
다. 생활 주변의 문제를 논리, 수학적으로 해결하기 위한 기초 능력을 기른다.

③ 내용체계

내용	하위 내용
탐구하는 태도 기르기	사물과 현상에 지속적인 관심 가지기 탐구과정 즐기기
과학적 기초 능력 기르기	물체와 물질에 대해 알아보기 생명체와 자연환경 소중하게 여기기 자연현상에 대해 알아보기 간단한 도구와 기계 활용하기
수학적 기초 능력 기르기	수 감각 기르기 공간 및 도형에 대해 알아보기 기초적인 측정해 보기 규칙성 이해하기 자료 정리 및 결과 나타내기

④ 지도상 유의점

교사는 다음 사항에 유의하여 지도하도록 한다.

첫째, 일상생활 속에서의 다양한 활동을 통하여 유아가 수학과 과학에 대해 탐구하는 태도를 갖고 그 과정을 즐기도록 지도한다. 이를 위해 유아가 생활 주변의 사물과 환경에 관심을 갖고 자연스럽게 생겨나는 궁금증을 해결하기 위해 스스로 다양한 시도를 해 보고 결론을 내려 보는 경험을 갖도록 격려한다.

둘째, 다른 사람과 함께 관심 있는 현상이나 주제 탐구에 지속적으로 참여하면서 발견한 사실을 나누도록 지도한다. 자신이 알아내고 발견한 사실을 발표하는 기회를 통해 유아의 탐구하는 태도가 길러지게 하며 동시에 다른 유아들에게도 탐구 동기를 유발하도록 한다.

셋째, 유아가 생명체와 자연환경을 소중하게 여기고 이를 보호해야 함을 알 수 있는 상황을 조성해 준다. 유치원에서 동식물을 길러 자연과 인간과의 관계를 일상생활에서 접할 수 있도록 기회를 제공하는 것도 한 방법이 된다. 동식물을 기르는 과정에서 자연스럽게 죽음을 직면하게 될 경우, 유아가 동식물의 입장을 생각해보면서 작은 생명 하나라도 소중히 여겨야 함을 알아가도록 지도한다.

넷째, 유아가 자신에게 의미 있는 수학적 상황을 해결하기 위해 이미 알고 있는 지식을 적용하여 타당한 결론을 이끌어 내도록 지도한다. 이를 위해 생각할 수 있는 충분한 시간을 주어, 각자의 전략으로 문제를 해결할 수 있도록 한다. 또한 유아가 지닌 수학적 생각을 구체물, 그림, 표, 쓰기, 말하기 등으로 다양하게 나타내고, 또래들과 상호작용을 하도록 격려한다.

다섯째, 유아가 수학이나 과학적 현상에 흥미를 가지고 지속적으로 몰입할 수 있는 활동과 자료를 제시해 준다. 유아는 여러 가지 속성을 동시에 생각하기 어렵기 때문에, 지나치게 다양한 자료를 한꺼번에 제시해 주는 것은 오히려 탐구에 도움이 되지 못함을 유의해야 한다.

(2) 탐구생활 활동의 통합적 운영

① 통합적 활동안

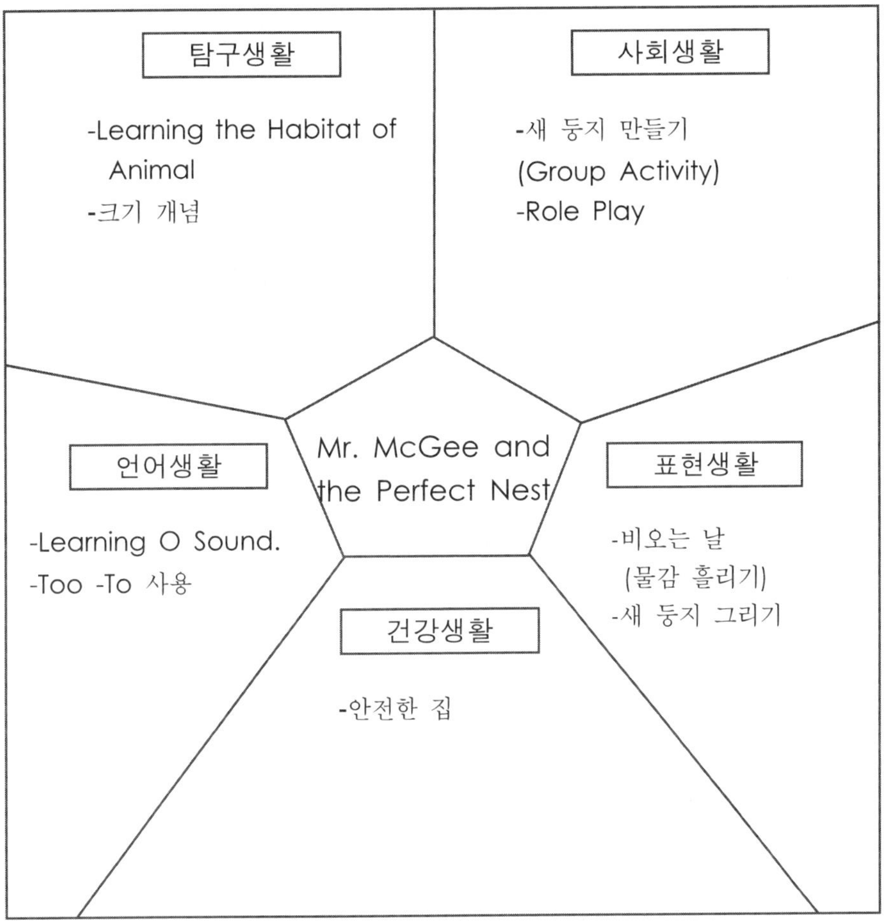

② 탐구생활 활동

활동명: 동물들이 사는 집

목　표 : 동물들이 사는 곳이 각기 다름을 안다.

자　료 : 동물 그림, 동물들이 사는 곳 그림판(기본 그림판)

내 용 :

- 각 동물 그림을 보여준다(각각의 동물들의 이름, 특성을 알아본다).
- 기본그림판을 보여준다. 기본판의 빈 공간에 들어갈 동물은 어떤 동물일지 생각하고 발표할 기회를 준다.
- 빈 공간에 들어갈 동물 그림을 유아가 직접 찾아서 붙일 수 있도록 기회를 준다.

※ 자료를 언어영역 벽면에 전시해 주고 유아들이 조작해 볼 수 있도록 제공한다.

5) 사회생활

인간은 사회적 존재이다. 따라서 유아가 사회의 일원으로 성장하기 위해서는 타인과 함께 더불어 살아가는 방법을 배워야 한다. 유아기 교육활동은 유아들 간의 사회적 상호작용을 촉진하고 공동생활의 규칙에 대한 이해와 준수를 포함해야 한다.

(1) 사회생활영역에 대한 이해

① 성격

사회생활은 유아가 자신을 알고 소중하게 여기며, 다른 사람과 함께 살아가는 방법을 익히고, 주변 세계에 관심을 갖고 적응해 나갈 수 있는 기초 능력을 기르기 위한 영역이다.

이 영역은 '나를 알고 사랑하기', '가족과 함께 생활하기', '이웃과 더불어 생활하기', '사회현상에 관심가지기'의 네 가지 내용으로 구성한다.

'나를 알고 사랑하기'는 유아가 자신을 소중하게 여기며 이를 바탕으로 자신의 일을 스스로 하고, 자기감정을 알고 조절하는 데 중점을 둔다.

'가족과 함께 생활하기'는 유아가 가족과 화목하게 지내고, 협력하며 생활하는 태도를 기르는 데 중점을 둔다.

'이웃과 더불어 생활하기'는 유아가 다른 사람들과 함께 살아가는 데 기본적으로 필요한 예절 바른 생활 태도를 가지며 다른 사람을 이해하고 존중하며 협력하는 능력을 기르는 데 중점을 둔다. 특히 친구와 사이좋게 지내고 공공장소에서 지켜야 할 질서와 규칙을 실천하도록 하는 데 중점을 둔다.

'사회현상에 관심가지기'는 유아를 둘러싼 문화와 생활양식에 바탕을 두어 유아가 생활하는 주변 지역, 경제생활, 우리나라와 세계 여러 나라의 문화에 관심을 갖는데 중점을 둔다.

사회생활영역의 교육활동에서는 유아의 생활을 중심으로 토의, 역할놀이, 공동작업, 협동게임 등의 다양한 방법을 통하여 다루도록 한다. 교사의 설명이나 지시보다는 유아가 적극적으로 참여하게 하여 사회적 기능, 태도 및 사회 과학적 지식을 형성하도록 한다. 특히, 기본 생활습관은 생활 전반에 걸쳐 꾸준히 지도하여 유아가 바른 습관을 자연스럽게 형성하도록 하며, 가정과 긴밀한 협조가 이루어지도록 한다.

② 목표

자신과 다른 사람을 존중하고, 더불어 살아가는 능력을 기른다.

가. 자신을 소중하게 여기고 스스로 생각하여 행동하며 감정을 조절한다.

나. 가족과 화목하게 지내며 서로 협력한다.

다. 예절 바르게 행동하고 질서를 지키며 이웃과 더불어 생활한다.

라. 우리가 살고 있는 사회현상에 대하여 관심을 가진다.

③ 내용체계

내 용	하위 내용
나를 알고 사랑하기	나를 소중하게 여기기 나의 일 스스로 하기 나의 감정 알고 조절하기
가족과 함께 생활하기	가족과 화목하게 지내기 가족과 협력하기
이웃과 더불어 생활하기	예절 바르게 생활하기 다른 사람을 이해하고 존중하기 질서와 규칙 지키기 두레의 소중함을 알고 협력하기
사회현상에 관심 가지기	주변 지역에 관심 가지기 경제생활에 관심 가지기 우리나라와 우리 전통문화에 관심 가지기 다양한 문화에 관심 가지기

④ 지도상 유의점

교사는 다음 사항에 유의하여 지도하도록 한다.

첫째, 사회생활에 관한 교육활동의 계획과 운영은 유아가 기초적인 사회적 태도와 기능, 지식 등을 포괄적으로 익히고 활용하는 데 중점을 둔다. 유아가 규범이나 사회적 지식을 아는데 그치지 않고 그것을 행동에 옮겨 습관화하여 바람직한 사회생활 태도를 가지도록 지도한다.

둘째, 현대사회에서 사회생활영역이 갖는 교육적 개념은 상호 존중과 상호 의존임을 명확히 인식하고 이러한 개념들이 유아의 생활 속에서 자연스럽게 형성되도록 교육활동을 계획하고 운영한다. 인간과 인간 간의 관계가 더욱 중요시 되는 현대사회에서 유아들이 자신과 다른 사람의 유사점, 차이점을 인식하고 존중하며 더불어 살아갈 수 있도록 하며, 특히 다문화 교육, 반편견 교육에 대한 교육내용 요소를 교사가 먼저 바르게 인식하여 교육활동을 계획하고 사회생활 영역 전반에 걸쳐 지도한다.

셋째, 기본 생활습관은 생활 전반에 걸쳐 반복적으로 꾸준히 지도하여 유아가 바른 생활습관을 자연스럽게 형성하도록 한다. 교사는 좋은 모범을 보이도록 하며, 특히 가정에서 기본 생활습관의 기초가 이루어지므로 유치원과 가정에서의 교육이 일관성 있는 교육이 되도록 학부모와 밀접한 관계를 갖고 협력하여 지도한다.

넷째, 유아가 다양한 사회적 관계를 경험할 수 있도록 교사의 언어적 설명이나 지시보다는 따뜻한 격려와 직접적인 문제 제기, 문제해결을 위한 유도, 확산적 질문 등을 사용하도록 한다. 그리고 공동작업, 협동게임, 소집단 토의활동, 극화활동 등을 통해 유아들 간의 갈등과 경쟁을 극복하여, 경험을 공유하고 협동하는 능력을 기르도록 한다. 또한 현장을 견학하거나 자원 인사를 초빙하여 일터의 소중함과 일하는 사람의 보람 등을 직접 공감하는 기회를 갖도록 한다.

다섯째, 각 지역의 특성과 문화적 자원을 충분히 활용하도록 한다. 유아가 생활하는 지역사회의 특성과 문화를 경험하게 함으로써 지역사회 문화에 대한 이해와 더불어 애향심, 공동체 의식, 지역에 대한 자긍심 등을 기를 수 있도록 지도한다.

(2) 사회생활 활동의 통합적 운영

① 통합적 활동안

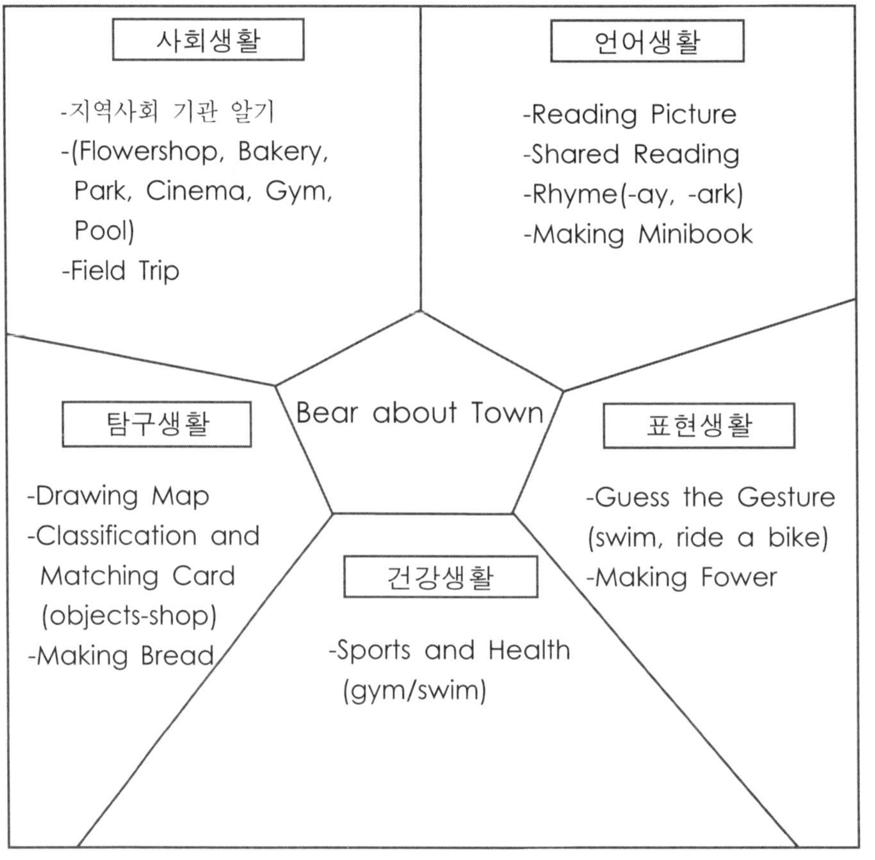

② 사회생활 활동

활동명: 우리 동네 기관

목 표 : 우리 동네에 있는 기관의 기능을 알아본다.

자 료 : 건물그림(flowershop, cinema, gym, pool, bakery, park) 건물과 관련이 있는 그림자료(꽃, 영화필름, 운동기구, 수영복, 빵, 나

무)

내 용 :

- 동화책에 나왔던 여러 가게 이름을 기억해서 말하도록 기회를 준다.
- 동화책을 다시 한 번 읽어준다. 이때 기관 이름을 강조하여 읽어 준다.
- 준비한 건물그림을 융판에 붙이면서 무엇인지 말하도록 한다.
- 관련 그림카드를 붙이면서 무엇인지 발표해 보도록 한다. 제시된 그림이 이미 붙여진 건물그림 중 어떤 것과 관련이 있는지 질문한다. 유아가 앞에 나와서 붙여보도록 기회를 준다.
- 마지막으로 붙여진 그림을 읽어본다.

활동명: 우리 동네 견학

목 표 : 우리 동네 견학을 통해 여러 종류의 건물을 주의 깊게 둘러봄으로써 여러 기능을 가진 시설이 있음을 안다.

자 료 : 우리 동네 사진 자료, 디지털사진기, 전지

내 용 :

- 사전에 교사가 찍어둔 동네 사진을 보며 이야기 나눈다(어느 장소인지, 그곳에 가 본 적이 있는지, 있다면 언제, 누구와 함께 갔었는지 발표하도록 기회를 준다).
- 우리 동네 견학을 할 것임을 알리고 사진에서 본 건물들이 어느 곳에 있는지 주의 깊게 살펴볼 것을 제안한다. 그 밖에 견학 시 주의할 점으로는 무엇이 있을지 유아들과 의견을 나눈다.
- 유아들을 줄을 세워 인솔하고 계획한 경로로 동네를 둘러본다. 교실에서 보았던 장소에서 유아들이 교실에서 보았던 사진을 회상해 보도록 격려한다. 교사는 중요한 장소, 시설을 사진기를 이

용하여 찍어둔다.

- 교실로 돌아온 후 손을 씻고 교실로 모여 앉는다.
- 사진기로 찍어온 사진들을 보면서 어느 위치에 있었는지, 무엇을 하는 곳이었는지 유아들과 이야기를 나눈다.
- 조별로 나누어 큰 전지에 우리가 견학했던 우리 동네 지도를 그리도록 한다.

※ 완성된 그림은 귀가 시간에 전체 유아들이 볼 수 있도록 기회를 준 후 교실이나 복도 벽면에 전시한다.

제2부. 수준에 따른 실제

D E A B C

Level Ⅰ

Brush Your Teeth Please
Big Fat Hen
From Head to Toe

Level Ⅱ

Bear about Town
Dinnertime
TITCH

<table>
<tr><td>제 목</td><td colspan="2">Brush Your Teeth Please</td></tr>
<tr><td>저 자</td><td>Leslie McGuire</td><td rowspan="5">
</td></tr>
<tr><td>삽 화 가</td><td>Jean Pidgeon</td></tr>
<tr><td>출 판 사</td><td>문진미디어</td></tr>
<tr><td>주 제</td><td>양치질</td></tr>
<tr><td>대상연령</td><td>3세</td></tr>
<tr><td>내 용</td><td colspan="2">Bear brush their teeth up and down. Shouldn't you?
Chimps brush their teeth back and forth. Shouldn't you?
Hippos always brush their back teeth. Shouldn't you?
Every lion brushes every tooth every day. Shouldn't you?
Sharks floss every day. Shouldn't you?
It's fun to brush and floss each day the way you've seen us do.
Now you can see our happy smiles. Can we see your smile too?</td></tr>
<tr><td>작 가</td><td colspan="2">Leslie McGuire는 아동에게 책을 통해 강한 메시지를 전달해야 한다고 생각했다. 강한 메시지란 일의 가치라든가 비록 자신이 작더라도 자신의 지혜를 사용하여 극복할 수 있다는 것 등이다. 그리고 Leslie McGuire는 책을 통해 메시지를 얻는 것보다 더 중요한 것은 아동이 읽는 것을 좋아하게 만드는 것이라고 생각했다.</td></tr>
<tr><td>활 용</td><td colspan="2">*동물의 이에 대해 이야기나누기 *라임 맞추기
*방향을 나타내는 전치사 *미술활동(미니북 만들기)
*건강교육 *비교와 대조</td></tr>
</table>

활동내용

1. 이야기 나누기(동화듣기)
2. 문해활동 - 위, 아래
3. 동물 양치질 시켜요-게임
4. 이야기 순서
5. 이에 좋은 음식과 좋지 않은 음식

활동3 자료

활동5 자료

활 동 ❶

제　　목	책읽기	생활주제	위생(건강)
활동유형	이야기 나누기(동화듣기)	집단크기	10명(소그룹)
연　　령	3세	시　　간	20분
목　　표	그림을 통해 동화책의 내용을 이해한다.		
교육과정 관련요소	건강생활		
준 비 물	동화책		
내　　용	[도 입] 교사: 여기보자. 이것이 무엇이지? 유아: 사자 교사: 그래, 이것은 사자야. 사자가 무엇을 하고 있니? 유아: 치카치카, 이를 닦아요. 교사: 그래, 사자가 이빨을 닦고 있구나. 책 속에 어떤 이야기가 들어있나 보자. [전 개] 교사: 이것은 무엇일까? 유아: 곰이요. 교사: 그래, 곰은 무엇을 하고 있니? 유아: 이빨 닦아요. 교사: 그래, 곰도 이를 닦고 있구나. 이것은 무엇일까? 유아: 원숭이요, 고릴라요 교사: 그래, 이것은 원숭이야. 원숭이는 무엇을 하고 있니? 유아: 양치질해요. 교사: 그래 원숭이도 양치질을 하는구나. 이 동물은 누구니? 유아: 하마 교사: 그래, 하마구나. 하마는 무엇을 하니? 유아: 양치질해요		

Activity ❶

Heading	Reading Book	Theme	Health
Type of Activity	Circle Time	Group Size	10
Age	3yrs.	Time	20mins.
Goal	Understanding story through the book		
Factor of Curriculum	Health and Safety		
Requirement	Picture Book		
Content	**(Introduction)** T: Look at this. What is this? C: A lion T: Right, This is a lion. What is this lion doing? C: Brush, brush, brushing his teeth. T: Right, lion is brushing his teeth Guess what animal comes next? **(Development)** T: What's this? C: A bear T: Right, a bear. What's the bear doing? C: Brushing his teeth. T: Right. The bear brushes its teeth too. What is this then? C: A chimp, a monkey T: Right, This is a chimp. what's the chimp doing? C: Brushing teeth. T: Right. Chimp brushes its teeth. What is this? C: A hippo. T: Right. This is a hippo. What is this hippo doing? C: Brushing its teeth		

<table>
<tr><td>내 용</td><td>교사: 그래 하마도 양치질을 하는구나
이 동물은 누굴까?
유아: 상어
교사: 그래, 상어야. 상어는 무엇을 하고 있니?
유아: 몰라요.
교사: 앞의 동물들은 칫솔로 양치질을 했는데, 상어는 실로 무엇을 하는 것일까?
유아: 몰라요.
교사: 이것은 치실이라고 하는 거래. 상어는 치실로 이를 닦고 있어. 이 동물은 무엇일까?
유아: 사자요.
교사: 그래, 사자가 무엇을 하고 있니?
유아: 양치질을 해요.
그래, 사자가 양치질을 하는구나. 자, 선생님이 처음부터 이 책을 읽어줄게. 잘 들어봐. (책을 읽어준다)

[마무리]
교사: 이 책에 어떤 이야기가 들어있어?
유아: 동물들이 양치질해요.
교사: 그래요. 어떤 동물들이 양치질을 했니?
유아: 하마, 사자, 원숭이, 상어
교사: 그래요. 그러면 그 동물들 중에서 치실을 사용했던 동물은 누구였지?
유아: 상어요
교사: 그래, 맞았어.
(다음 활동을 안내하며 마친다.)</td></tr>
</table>

<table>
<tr><td>content</td><td>T: Right. Hippo brushes its teeth too.
What is this?
C: A shark
T: Right. This is a shark. What is the shark doing?
C: I don't know.
T: Animals brush their teeth.
But what is shark doing?
C: No idea.
T: This is a floss. This is for cleaning your teeth.
The shark is flossing. What is this?
C: A lion
T: Right, What is this lion doing?
C: Brushing its teeth.
T: Right. The lion is brushing its teeth.
Let me read this story again. Listen carefully.

(Ending)
T: What stories were contained in this book?
C: Animals brushed their teeth.
T: Right. What kinds of animals did you see?
C: A hippo, a lion, a chimp and a shark.
T: Right. Do you remember which animal flossed?
C: A shark
T: Good.
(informing next activity)</td></tr>
</table>

활 동 ❷

제 목	위아래, 앞뒤	생활주제	치아건강
활동유형	문해활동(책읽기)	집단크기	10명(소그룹)
연 령	3세	시 간	20분
목 표	up and down, back and forth의 뜻을 이해하고 표현을 익힌다.		
교육과정 관련요소	건강생활		
준 비 물	동화책		
내 용	[도 입] 교사: 이 책은 어제 보았던 책이야. 이 책에 어떤 내용이 있었지? 유아: 양치질해요. 교사: 그래, 동물들이 양치질을 하는 내용이 들어있었지. 오늘은 동물들이 어떻게 양치질을 했는지 다시 한 번 볼거야. [전 개] 교사: 이것은 무엇일까? 유아: 곰이요. 교사: 그래, 곰은 어떻게 이를 닦는지 잘 들어보자. '곰은 위아래, 위아래 이를 닦고 있어요. 너도 그러니?' 자, 곰이 어떻게 이를 닦는다고 했니? 유아: 위아래, 위아래 교사: 그래, 곰은 위아래, 위아래로 이를 닦는대. 모두 손가락으로 칫솔을 만들고 곰이 되어서 이를 닦아보자. 위아래, 위아래(손동작을 한다.) 자 다음에 이 동물은 누구지? 유아: 침팬지요. 교사: 그래, 이것은 침팬지. 침팬지는 어떻게 이를 닦는지 잘 들어봐. '침팬지는 뒤앞, 뒤앞으로 이를 닦습니다.' 애들아, 침팬지는 이를 어떻게 닦는다고 했니? 유아: 뒤앞, 뒤앞이요..		

Activity ❷

<table>
<tr><td>Heading</td><td>Up and Down, Back and Forth</td><td>Theme</td><td>Healthy Teeth</td></tr>
<tr><td>Type of Activity</td><td>Circle Time</td><td>Group Size</td><td>10</td></tr>
<tr><td>Age</td><td>3yrs.</td><td>Time</td><td>20mins.</td></tr>
<tr><td>Goal</td><td colspan="3">Understanding Words: Up and Down, Back and Forth</td></tr>
<tr><td>Factor of Curriculum</td><td colspan="3">Healthy Life</td></tr>
<tr><td>Requirement</td><td colspan="3">Book</td></tr>
<tr><td>Content</td><td colspan="3">(Introduction)
T: This is what we read yesterday. Do you remember this story?
C: Animals brushing their teeth.
T: Right, Animals brushing their teeth. Now we know how they brush their teeth. Let's look at the book.

(Development)
T: What is this?
C: A bear.
T: Right. Let's see how the bears brush their teeth.
Bears brush their teeth up and down. Shouldn't you?
Well, you know how the bears brush their teeth.
C: Yes, up and down, up and down
T: Right, bears brush their teeth up and down, up and down. Let's follow the bear. Make a toothbrush with your two fingers, like this(show them). Up and down, up and down. Good. What animal comes next?
C: A chimp.
T: Right, this is a chimp. Let's see how the chimps brush their teeth. Chimps brush their teeth back and forth. Shouldn't you? Well, you know how the chimps brush their teeth.
C: Yes, back and forth, back and forth.</td></tr>
</table>

<table>
<tr>
<td>내 용</td>
<td>교사: 그래 침팬지는 뒤앞, 뒤앞으로 이를 닦는구나. 모두 손가락으로 칫솔을 만들고 침팬지가 되어서 양치질을 해보자. 뒤앞, 뒤앞(손동작을 한다.)
자 다음에 나오는 이 동물은 누구니?
유아: 하마.
교사: 그래, 하마구나. 하마는 어떻게 이를 닦는지 잘 들어보자. '하마는 뒤쪽 이를 닦아요.' 하마가 어떻게 이를 닦는다고 하니?
유아: 뒤쪽 이를 닦는대요.
교사: 그래 모두 하마가 되어 이를 닦아보자. 하마는 뒤쪽 이를 닦아요 (손동작으로 한다).
다음에 나오는 이 동물은 누굴까?
유아: 사자요
교사: 그래, 사자는 어떻게 이를 닦는지 알아보자.
'모든 사자들은 매일 모든 이를 닦아요.'
애들아, 사자는 이를 어떻게 닦는다고 하니?
유아: 매일 모든 이를 닦는대요.
교사: 그래, 사자는 매일 모든 이를 닦는대. 우리 모두 사자처럼 이를 닦아 보자. 위아래, 위아래, 앞뒤, 앞뒤, 뒤쪽 이, 뒤쪽 이, 모든 이(손동작을 한다). 자, 마지막으로 나왔던 동물이 누구였지?
유아: 상어
교사: 그래, 상어야. 상어는 어떻게 이를 닦았지요?
유아: 치실.
교사: 그래, 상어는 치실로 이를 닦았어요. 모두 '치실'이라고 말해보자.
유아: 치실
교사: 상어는 치실로 이를 닦고 있어요. 모두 상어가 되어서 치실로 이를 닦아볼까요. (손동작을 한다)

[마무리]
교사: 자, 모두 손가락으로 칫솔을 만들어 보자.
선생님이 말하는 것을 잘 듣고 양치질을 해 보는 거야.
"나는 양치질을 합니다. 위아래, 위아래, 위아래, 위아래, 앞뒤, 앞뒤, 뒤쪽 이, 뒤쪽이, 모든 이를 닦습니다. 깨끗이 닦습니다."</td>
</tr>
</table>

content	T: Right, chimps brush their teeth back and forth. Let's follow the chimp. Make a toothbrush with your two fingers, like this(show them). Back and forth, back and forth. Good. What animal comes next? C: A hippo. T: Right, This is a hippo. Let's see how the hippos brush their teeth as you saw in the book. Hippos brush their back teeth. Shouldn't you? Well, you know how the hippos brush their teeth. C: Yes, back teeth, back teeth. T: Right. Let's follow the hippo together. back teeth, back teeth. What animal comes next? C: A lion. T: Right, Let's see how lions brush their teeth. Every lion brushes every tooth every day. Now, you know how every lion brushes their teeth. C: Every lion brushes every tooth every day. T: Right, every lion brushes every tooth every day. Let's follow lion. Up and down, up and down, back and forth, back and forth, back teeth, back teeth. Okay, what was the last animal? C: A shark T: Right, a shark. How do sharks clean their teeth? C: Floss, floss, floss. T: Right, Sharks floss every day. Let's say together floss. C: Floss T: Sharks floss every day. Let's follow the shark together. Can you do it? **(Ending)** T: Let's make a toothbrush with your fingers. Are you ready? Listen carefully and do what I say. I brush my teeth up and down, up and down, back and forth, back and forth, back teeth, back teeth. I brush my every teeth every day.

내 용	유아: (교사의 지시에 따라 양치질을 한다.) 교사: 모두 잘 했어요. 우리 오늘 점심을 먹은 후에 진짜 칫솔로 지금 했던 것처럼 이를 닦을 수 있지? 유아: 네 교사: 그래, 이제 점심을 먹을 거야. 선생님이 이름 부르는 사람부터 손을 닦고 오자.

Content	C: (Children pretend to brush following their teacher) T: Very good, everyone. Can you brush your teeth like this after you eat your lunch? C: Yes T: Good. It's a time for lunch. I'll call your name one by one. And you go to wash your hands.

활 동 ❸

제 목	동물 양치질 시켜요	생활주제	위생(건강)
활동유형	게임	집단크기	15명(소그룹)
연 령	3세	시 간	20분
목 표	Bears, Chimps, Hippos, Lions, Sharks, Teeth, Floss, up and down, back and forth, every의 뜻을 이해하고 표현을 익힌다.		
교육과정 관련요소	건강생활		
준 비 물	동물 인형(곰, 원숭이, 하마, 사자, 상어), 칫솔, 치실		
내 용	[도 입] 교사: 자 이것이 무엇일까? (곰인형을 제시한다) 유아: 곰 교사: 그래. 곰이야. 그럼 이 인형은 무엇일까? 유아: 원숭이 교사: 그래. 원숭이지, 그럼 이것은? 유아: 사자 교사: 그럼 이 동물은 누구일까? 유아: 하마 교사: 그래. 하마야, 마지막으로 이 동물은 누구일까? 유아: 상어 교사: 그렇지. 상어야. 그 다음 또 준비한 것이 있는데, 이것은 무엇일까? 유아: 칫솔, 치실 교사: 그래, 칫솔과 치실이야. [전 개] 교사: 자, 이것으로 무엇을 할 것인지 이야기해줄게. 너희들에게 동물인형을 하나씩 나누어 줄 거야. 그러면 너희들은 동물이 보이지 않도록 감추어두는 거야. 그 다음 선생님이 말하는 동물을 가진 사람만 동물을 꺼내서 양치질을 시키는 거야. 할 수 있겠니?		

Activity ❸

Heading	Animals Brushing Teeth	Theme	Healthy Teeth
Type of Activity	Circle Time	Group Size	15
Age	3yrs.	Time	20mins.
Goal	Understanding Words : Bears, Chimps, Hippos, Lions, Sharks, Teeth, Floss, Up and Down, Back and Forth, Every		
Factor of Curriculum	Healthy Life		
Requirement	Animal Puppets (bear, chimp, hippo, lion, shark), Toothbrush, Floss		
Content	**(Introduction)** T: Look at this. What is this? (show a bear) C: A bear T: Right, This is a bear. Then what is this? (show a chimp) C: A chimp T: Right, This is a chimp. Then what is this? (show a lion) C: A lion T: Then what is this? (show a hippo) C: A hippo T: Right, This is a hippo, Then what is this last animal? (show a shark) C: A shark T: Right. This is a shark. I brought something more. Can you guess what I brought? C: Toothbrush, floss T: Right, These are a toothbrush and a floss. **(Development)** T: Well, I'll tell you what we are going to do with these. First, I'll give you an animal each. Second, You hide your animal. Then when I call on your animal, you who get out your animal and brush its teeth. Okay?		

<table>
<tr>
<td>내 용</td>
<td>
유아: 네
교사: 그래 동물인형을 나누어줄게(교사는 동물인형을 나누어준다) 자, 모두 가졌니?
유아: 네
교사: 모두 자기 인형을 등 뒤에 감추자. 잘 들어 “곰이 양치질을 합니다. 위, 아래로, 위아래, 위아래”
유아: (곰인형을 가진 유아들이 자신의 인형에게 양치질을 시킨다.)
교사: 아주 잘했어요. 이번에는 “사자가 양치질을 합니다. 앞뒤로, 앞뒤로”
유아: (사자인형을 가진 유아들이 자신의 인형에게 양치질을 시킨다.)
교사: 잘했어. 이번에는 “원숭이와 하마가 양치질을 합니다.”
유아: (원숭이와 하마인형을 가진 유아들이 자신의 인형에게 양치질을 시킨다.)
교사: 아주 잘했어요. “상어가 치실로 이를 닦습니다.”
유아: (상어인형을 가진 유아들이 자신의 인형에게 양치질을 시킨다.)
교사: 이번에는 모든 동물들이 이를 닦습니다.
유아: 모두 자신의 인형에 양치질을 하도록 한다.
교사: 자, 모두 잘했어요. 이번에는 동물을 바꾸어서 해볼 거야. 옆에 있는 친구와 인형을 바꾸도록 하자. 모두 바꾸었니?
유아: 네
(위의 내용과 동일하게 반복한다)

[마무리]
교사: 자 이제, 모두 동물인형과 칫솔, 치실을 선생님 책상 위 바구니에 넣도록 하자. 이름을 부르는 사람 먼저 앞으로 나와서 바구니에 담고 자유놀이 합시다.
</td>
</tr>
</table>

Content	C: Yes. T: Right, here are your animals. (give them their animals.) Everybody has an animal? C: Yes. T: Let's hide your animal behind your back. Listen. A bear brushes its teeth up and down up and down. C: (Children who have bears brush bears' teeth.) T: Excellent. Hide your animals again. Now, a lion brushes its teeth, back and forth, back and forth. C: (Children who have lions brush lions' teeth) T: Good job. Hide your animals again. Now, chimp and hippo brush their back teeth, back teeth. C: (Children who have chimps and hippos brush their teeth) T: Very good. Everyone, hide your animals again. Shark floss. C: (Children who have sharks floss.) T: Good. Now, everyone, brush your animals' teeth. Good. Now, let's switch animals. (children switch their animals with each others) Did you get another animal? C: Yes. (Repeat the game.) **(Ending])** T: Now, let's put everything in the basket on the table. Good job. Now, it's freetime.

활동 ❹

제 목	이야기 순서	생활주제	위생(건강)
활동유형	이야기 나누기	집단크기	10명(소그룹)
연 령	3세	시 간	20분
목 표	• 이야기 전개 순서를 기억한다. • 색깔 이름을 안다. • 동물과 칫솔의 무늬, 색을 연결한다.		
교육과정 관련요소	건강생활		
준 비 물	칫솔 그림자료, 동물 그림자료		
내 용	**[도 입]** 교사: 우리가 지난번에 보았던 책을 다시 한 번 읽어줄게. (교사가 책을 다시 한 번 읽어준다) **[전 개]** 교사: 이 책에 나오는 것을 그림으로 준비했어. 어떤 것들인지 보자. (준비된 그림자료를 하나씩 보여준다.) 이 동물은 누구지? 유아: 곰 교사: 이 동물은? 유아: 침팬지 교사: 이 동물은? 유아: 상어 교사: 이 동물은? 유아: 하마 교사: 이 동물은? 유아: 사자 교사: 이번에는 다른 그림을 보여줄게. 이것은 무엇이지? 유아: 초록색 칫솔이요. 교사: 그래 초록색 칫솔인데, 잘 보면 그림도 있어. 어떤 그림이니? 유아: 벌 그림 교사: 그래, 벌 그림이 있는 초록 색 칫솔은 누구의 칫솔이었지? 유아: 곰		

Activity ❹

Heading	Story Order	Theme	Healthy Teeth
Type of Activity	Circle Time	Group Size	10
Age	3yrs.	Time	20mins.
Goal	• Remember the Story Order • Knowing the color of toothbrushes of animals		
Factor of Curriculum	Healthy Life		
Requirement	Picture Cards (Toothbrush, Animals)		
Content	**(Introduction)** T: Let me read the story again (read the book) **(Development)** T: I brought some pictures in the book. Look at this. (show the pictures one by one) What is this animal? C: A bear. T: How about this? C: A chimp. T: How about this? C: A shark. T: How about this? C: A hippo. T: How about this? C: A lion. T: Now let me show you other pictures. What is this? C: That is a green toothbrush. T: Right. This is a green toothbrush. Look at this picture carefully. You can see other things. What is this? C: A bee! T: Right. Do you remember whose toothbrush this is? C: The bear's.		

<table>
<tr><td>내 용</td><td>교사: 그래 곰의 칫솔이었지? 그럼 다음 칫솔을 볼까? 이것은 무슨 색이니?
유아: 분홍색이요
교사: 그래, 분홍색 칫솔이야. 여기에도 잘 보면 그림이 있어. 어떤 그림이니?
유아: 바나나 그림
교사: 그래, 바나나 그림이 있어. 이것은 누구의 칫솔일까?
유아: 침팬지
교사: 그래 이것은 침팬지의 칫솔이었지. 다음 칫솔을 보자. 이것은 무슨 색이니?
유아: 노란색
교사: 그래, 노란색 칫솔이야. 여기에도 그림이 그려져 있네. 무슨 그림이니?
유아: 새
교사: 그래, 새 그림이야. 이 칫솔은 누구의 칫솔일까?
유아: 하마
교사: 그래, 하마의 칫솔이야. 자 다음 이 칫솔은 무슨 색이니?
유아: 연두색
교사: 그래, 연두색 칫솔이야. 이 칫솔은 누구의 칫솔이지?
유아: 사자
교사: 그래, 사자의 칫솔이야. 사자의 칫솔에는 어떤 그림이 그려져 있니?
유아: 하트요
교사: 그래, 분홍색 하트 그림이 그려져 있구나. 자 이제 어떤 동물만 남았니?
유아: 상어
교사: 그래, 상어의 칫솔은 어떤 것이었는지 기억나니?
유아: 실, 치실
교사: 치실이 맞나? 한번 보자. 이것은 무엇이라고 했지?
유아: 치실
교사: 그래, 이것은 치실이야. 자 이번에는 재미있는 게임을 해볼 거야. 동물의 칫솔 찾아주기 게임이야. 자 사자의 칫솔이 무엇인지 아는 사람 손들어보세요.
유아: (손을 든다.)</td></tr>
</table>

<table>
<tr><td>content</td><td>T: Right. It was the bear's brush. Now look at the other toothbrush. What color is this?
C: Pink
T: Right. This is a pink toothbrush. Look at this picture carefully. You can see other things. What is this?
C: A banana
T: Right. These are bananas. Whose toothbrush is this?
C: The chimp's.
T: Right. This is the chimp's brush. Look at the other toothbrush. What color is this?
C: Yellow.
T: Right. This is a yellow toothbrush.
Look at this picture carefully.
You can see other things. What is this?
C: A bird.
T: Right. These are birds. Whose toothbrush is this?
C: The hippo's.
T: Right. This is the hippo's brush. Next. What color is this?
C: Light green.
T: Right. This is a light green toothbrush. Whose toothbrush is this?
C: The lion's.
T: Right. This is the lion's brush. What is on the toothbrush?
C: A heart.
T: Right. These are hearts. What animal do you want to see?
C: A shark.
T: Right. Do you remember what the shark has?
C: Yes. A floss.
T: Is that right? Let's see. What do you call this?
C: A floss.
T: Right. This is a floss. Now we'll have a fun game. This is the game where we have to find an animal's toothbrush.
Raise your hand if you know the lion's toothbrush.
C: (A child raises her/his hand)</td></tr>
</table>

<table>
<tr><td>내 용</td><td>교사: (한 명의 유아를 지명하여 기회를 준다). 자, 사자의 칫솔이 어떤 색인지 말해볼까?
유아: 연두색
교사: 얘들아, OOO가 맞게 했니?
유아들: 네
교사: 그래, 잘했어.
(이런 방식으로 나머지 칫솔을 찾도록 유아들에게 기회를 준다)

[마무리]
교사: 모두 잘했어, 이 동물그림과 칫솔그림은 영어영역에 둘 거야. 자유놀이시간에 가지고 놀도록 하자.</td></tr>
</table>

Content	T: (Give her a chance to say). Well, Can you tell me the color of the lion's toothbrush? C: Light green T: Children! Is she right? C: Yes T: Good. (Repeat until everyone has a chance) **(Ending)** T: Good job! I'll put these pictures in the language center. You can use these when you have freetime.

활 동 ❺

<table>
<tr><td>제 목</td><td>이에 좋은 음식과 좋지 않은 음식</td><td>생활주제</td><td>위생(건강)</td></tr>
<tr><td>활동유형</td><td>이야기 나누기</td><td>집단크기</td><td>10명(소그룹)</td></tr>
<tr><td>연 령</td><td>3세</td><td>시 간</td><td>20분</td></tr>
<tr><td>목 표</td><td colspan="3">이에 좋은 음식과 좋지 않은 음식을 안다.</td></tr>
<tr><td>교육과정
관련요소</td><td colspan="3">건강생활</td></tr>
<tr><td>준 비 물</td><td colspan="3">• 몸에 좋은 음식 그림 카드-치즈, 우유, 당근, 사과, 생선
• 몸에 나쁜 음식 그림 카드-콜라, 라면, 초콜릿, 사탕, 아이스크림, 껌
• 분류판(good/bad)-어린이 얼굴그림(썩은 이, 썩지 않은 이)</td></tr>
<tr><td>내 용</td><td colspan="3">[도 입]
교사: 자, 이것은 무엇일까?
유아: 얼굴그림이요.
교사: 그래 얼굴 그림이야. 그런데, 얼굴표정이 어때?
유아: 울어요. 우는 것 같아요.
교사: 그래, 울고 있는 얼굴 그림이다. 그럼 이것은 어떤 얼굴이니?
유아: 웃는 얼굴이요.

[전 개]
교사: 그래, 웃는 얼굴이야. 이번에는 이 그림카드를 보자. 이것은 무엇일까?
유아: 사탕 그림이요.
교사: 너희들 사탕을 좋아하니?
유아: 네.
교사: 그래. 그런데, 사탕을 많이 먹으면 어떻게 될까?
유아: 나빠요. 이가 썩어요.
교사: 그래, 사탕을 많이 먹으면 이가 썩어. 사탕은 이에 좋지 않은 음식이야. 그럼 웃는 얼굴과 우는 얼굴 중 어디에 붙이는 게 좋을까?
유아: 우는 얼굴 그림이요.
교사: 그래, 여기에 붙이는 거야. 그럼 이 그림은 무엇일까?</td></tr>
</table>

Activity ❺

Heading	Good and Bad Food for Teeth	Theme	Healthy Teeth
Type of Activity	Circle Time	Group Size	10
Age	3yrs.	Time	20mins.
Goal	Understanding about Food		
Factor of Curriculum	Healthy Life		
Requirements	Good/Bad Food Cards (cheese, milk, carrot, apple, fish, coke, ramen, chocolate, candy, ice-cream), Classification Flannel Board (good/bad), Face Board (rotten teeth, healthy teeth)		
Content	**(Introduction)** T: Look, What is this? C: A face T: Right. This is face. What is his expression? C: Crying. He is crying. T: Right, He is crying. How about this? C: A smile. He is smiling. **(Development)** T: Right. He is smiling. Now look at this. What is this? C: A candy T: Do you like candy? C: Yes. T: Okay. But is it good for you? C: No. T: If you have too many candies your teeth will go bad. So candy is not good food. Then where should this candy go to? To the smiling face or to the crying face? C: Crying one. T: Right. I'll put this candy here. What is this?		

<table>
<tr>
<td>내 용</td>
<td>유아: 멸치.
교사: 그래, 이 그림은 멸치구나. 그럼 멸치는 이에 좋을까? 나쁠까?
유아: 좋아요.
교사: 그래, 멸치는 이에 좋은 음식이야. 누가 나와서 이 그림을 얼굴판에 붙이도록하자. 하고 싶은 사람 손을 들어보자.
그래, OOO가 나와서 해보자.
유아: (앞으로 나와서 붙인다)
교사: OOO가 맞게 했니?
유아들: 네.
교사 : 그래 잘했어요.
(같은 방법으로 나머지 그림들을 붙인다.)

[마무리]
교사: 오늘은 이에 좋은 음식과 좋지 않은 음식에 대해 알아보았어.
이에 좋은 음식은 어떤 것들이 있었는지 말해보자.
유아: 우유, 멸치...
교사: 그래, 그럼 이에 좋지 않은 음식에는 어떤 것들이 있었지?
유아: 사탕, 초콜릿...
교사: 이에 좋은 음식을 많이 먹도록 하자.
유아: 네.
교사: (다음 활동에 대한 안내를 하며 활동을 마친다)</td>
</tr>
</table>

Content	C: Fish T: Right. This is a fish. Is this good or bad? C: Good. T: Right. Fish is good for your teeth. Who can come here and put this picture on the board. Raise your hand. Okay, ooo! Come here! C: (A chid comes and attaches the picture on the board) T: Is ooo right? C: Yes T: Very good. (Repeat) **(Ending)** T: Today, we learned much about good and bad food for the teeth. Can you say what food is good for teeth? C: Milk and fish. T: Right. How about bad food? C: Candy and chocolate. T: Now we know what food we have to eat. Don't eat too much candies and chocolate. Okay? C: Yes. T: (Informing next activity)

[Reading Pictures]-Brush Your Teeth Please!

곰이 이를 닦고 있는 장면	T: What can you see on this picture? C: A bear T: Yes. What is the bear doing? C: Brushing its teeth. T: Right! It is brushing its teeth. Did you brush your teeth? C: Yes. T: Good.

침팬지가 이를 닦는 장면	T: What can you see on this picture? C: A chimp. T: Yes. What is the chimp doing? C: Brushing its teeth. T: Right! It is brushing its teeth. Is it good chimp? C: Yes. T: What animal do you think comes next?

상어가 치실을 하는 장면	T: Do you know what animal is this? C: A shark. T: Yes. This is a shark. What is it doing? C: flossing teeth. T: Yes. Do you like flossing teeth? C: Yes.

사자가 이를 닦는 장면	T: What can you see on this picture? C: A lion. T: Right! What is the lion doing? C: Brushing its teeth. T: Do you brush your teeth everyday? C: Yes. T: Good.

동물이 모두 나온 장면	T: How many animals do you see? T&C: One, two, three, four! Four animals. T: Good. What animal do you like the most? I like chimp. C: I like lion.(answer can be vary)

제 목	Big Fat Hen	
저 자	Keith Baker	
삽 화 가	Keith Baker	
출 판 사	Harcourt Childrens Books	
주 제	농장에 사는 아기동물, 숫자세기, 색깔	
대상연령	만3세	
내 용	1, 2... buckle my shoe 3, 4... shut the door 5, 6... pick up sticks 7, 8... lay them straight 9, 10...a big fat hen and her friends 1 2 3 4 5 6 all their eggs... and all their chicks!	
작 가	미국 Oregon 주에서 태어나 어린 시절을 보냈으며 eastern oregon 주립 대학을 졸업하였으며 그는 초등학교에서 7년 동안 아이들을 가르치다가 갑자기 예술가가 되고 싶다는 생각이 들어서 곧바로 가르치는 일을 그만 두고 예술학교에 들어갔다고 한다. 그 후 Dove's Letter와 who is the Beast로 Parent's Choice Awards를 Big Fat Hen으로 Golden Kite Awared를 수상하였다.	
활 용	* 닭에 대해서 배우기 * 그림읽기 * 숫자 익히기 * 라임 맞추기 * 모자이크 닭 꾸미기 * 뒷 이야기 상상하여 그리기 * 유창하게 읽기	

활동내용

1. 사전지식(닭)
2. 달걀을 모으자(게임)
3. 수를 읽어요
4. 같은 소리 찾기(라임)
5. 닭 모자이크(조형)

활동 1자료

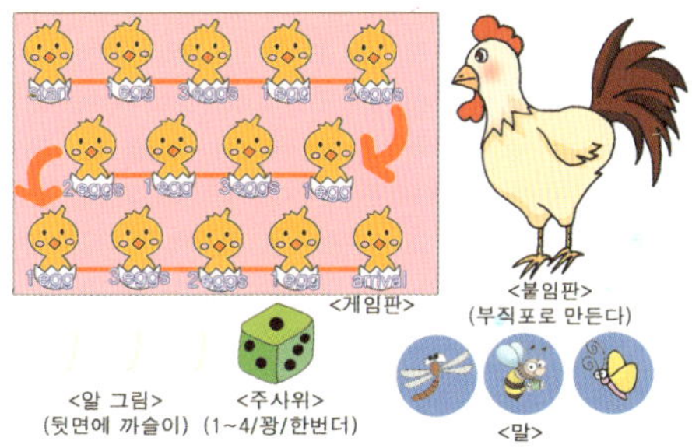

활동 2자료

활동 3자료

활동 4자료

활 동 ❶

<table>
<tr><td>제 목</td><td>닭에 대한 사전 지식학습</td><td>생활주제</td><td>동물</td></tr>
<tr><td>활동유형</td><td>이야기 나누기</td><td>집단크기</td><td>10명(소그룹)</td></tr>
<tr><td>연 령</td><td>3세</td><td>시 간</td><td>20분</td></tr>
<tr><td>목 표</td><td colspan="3">닭이 되는 과정을 학습한다.
닭의 특성에 대해 학습한다.</td></tr>
<tr><td>교육과정
관련요소</td><td colspan="3">탐구생활</td></tr>
<tr><td>준 비 물</td><td colspan="3">닭이 되는 과정 원판, 그림카드(닭, 병아리, 음식), 닭이 횃대에 올라가있는 그림자료 등.</td></tr>
<tr><td>내 용</td><td colspan="3">[도 입]
교사: 안녕, 얘들아, 선생님이 무엇을 가져왔는지 보자.
유아: 네.
(닭이 되는 과정의 원판을 보여준다)
교사: 뭐라고 씌여 있니?
유아: ‘어떻게 자랄까?’
교사: 그래, “어떻게 자랄까?” 라고 씌여 있구나. 무엇이 자란다는 것일까? 같이 보자. (원판을 돌린다) 이것이 무엇이니?
유아: 알/달걀.
교사: 그래, 이것은 알이야 누구의 알일까?
유아: 닭, 오리, 뱀!
교사: 이 알에서 누가 나오는지 함께 보자.
(원판을 돌린다) 무엇이 나왔니?
유아: 병아리~
교사: 그래. 그러면 그 다음엔 누가 나올까?
유아: 닭!
교사: 닭? 함께 보자(원판을 돌린다). 이것이 무엇이니?
유아: 닭.
교사: 너희가 알고 있는 닭이 맞니?
유아: 조금 달라요~
교사: 어떻게 다르니?</td></tr>
</table>

Activity ❶

Heading	Learning About a Hen	Theme	Animal
Type of Aactivity	Circle Time	Group Size	10
Age	3yrs.	Time	20mins.
Goal	• Learning the sequence of becoming a hen • Learning the behavior of hen.		
Factor of Curriculum	Inquiry		
Requirements	Round board of sequence of becoming a hen picture cards (hen, chick, food). Picture cards of hen sitting on a perch		
Content	**(Introduction)** T: Hello, everyone. I have something to show you. Let's see. C: Yes (show the round board of sequence of becoming a hen) T: What does it say? C: It says "how does it grow?" T: Right, it says "How does it grow?" Then can you guess how it grows? Let's see. (roll the round board) What is this? C: Egg. T: Right. Who's egg is it? C: Hen! Duck! Snake! T: What is coming out from this egg. Let's see. (roll the round board) What is coming out? C: Chick~ T: Good. And then what will this become next? C: Hen! T: Hen? Let's see. (roll the round board). What is this? C: Hen. T: Is this the hen that you know? C: A little different T: How is it different?		

내 용	유아: 위에 벼슬이 작아요, 조금 병아리처럼 생겼어요. 교사: 그래, 이건 아직 완전 큰 닭이 되기 전이란다. 중학교, 고등학교 형님들과 같아. 이 모습을 큰 병아리라고 부른단다. 자 그럼 다음은 누가 나올까? (돌림판을 한쪽 돌린다) 유아: 닭! 교사: 그래. 여기 이쪽 벼슬이 큰 게 rooster, 이쪽이 hen이야. [전 개] 교사: 이제, 닭에 대해 이야기해 보자. (병아리 그림을 융판에 붙인다) 교사: 병아리는 무엇을 먹고 살까? 유아: 쌀 / 물 / 지렁이/ 풀 교사: 벙아리는 좁쌀과 물을 좋아한대. 닭은 무엇을 먹을까? 유아: 쌀 / 물 / 지렁이/ 풀 교사: 닭은 곡식, 지렁이, 풀, 껍질, 모래를 먹는대. 왜 닭이 모래를 먹을까? 유아: 몰라요. 교사: 우리 몸에는 위장이 있어. 그런데 닭은 위장이 없대. 그래서 닭은 음식과 모래를 같이 먹어서 모래가 음식을 잘게 부수어주는 거래. 교사: 닭을 먹는 동물은 무엇이 있을까? 유아: 늑대, 호랑이, 사자, 곰! 교사: 그래, 그런 동물이 닭을 잡으면 아주 끔찍하겠다. (닭이 횃대에 올라가 앉아있는 그림을 보여준다) 그래서 닭은 스스로를 보호하려고 이 그림처럼 높은 곳에서 잠을 잔대. 수탉은 아빠 닭인데 매일 아침마다 큰 소리로 울어서 자기 집이라는 것을 나타낸대. 교사: 닭이 우는 소리를 들어본 적이 있니? 유아: 아니요/ 시골에서 들어 봤어요 / TV에서 들었어요 교사: 그래, 너희들 닭이 왜 우는지 아니? (유아들에게 발표할 기회를 준다)

<table>
<tr><td>Content</td><td>C: The crown is smaller. It's like a chick's.
T: Right. This is the hen, but this is not a mommy hen. These are like brothers in the middle or high school. This is like a big chick. Then, what comes next?
C: Hen!
T: Right. Here, this is a rooster having a big crown, this is a hen.

(Development)
T: Now we talk about the hen.
(put the chick picture on the board)
T: What does the chick eat?
C: Rice / water / worm / grass
T: The chick likes to eat hulled millet and water. What foods are for hen?
C: Rice / water / worm / grass
T: Hen likes to eat meal, worm, grass, shell, and sand. Why does the chick eat sand?
C: I don't know.
T: There is a stomach inside our body. But the hen has not a stomach. And the hen eats sand with food, then the sand cuts the food.
T: What is the animal which eats a hen?
C: Wolf! tiger! lion! bear
T: Right, It's very horrible when those animals catch the hen. (show the picture hen sitting on the pole) And the hen has sleep on the place high like this picture to protect itself. The rooster, papa cries loudly every morning to show that this is a house of his family.
T: Did you hear the sound that the hen cries?
C: No/ I heard it in the countryside / I heard it from the TV.
T: OK. Do you know why the hen cries?
(give kids the chances to talk)</td></tr>
</table>

<table>
<tr><td>내 용</td><td>[마무리]
교사: 오늘은 닭에 대해 배웠어. 이것들을 언어영역에 둘게.
보고 싶을 때 볼 수 있단다.
유아: 네
교사: 다음은 점심시간이야, 한사람씩 손을 씻자.</td></tr>
</table>

Content	**(Ending)** T: We learned about the hen today. I'll put these on the language art area. You can see when you want. C: Yes T: Now we'll have a lunch time. Wash your hands one by one.

활 동 ❷

<table>
<tr><td>제 목</td><td>달걀을 모으자</td><td>생활주제</td><td>동물</td></tr>
<tr><td>활동유형</td><td>Literacy-Reading Picture / Game</td><td>집단크기</td><td>10명(소그룹)</td></tr>
<tr><td>연 령</td><td>3세</td><td>시 간</td><td>20분</td></tr>
<tr><td>목 표</td><td colspan="3">• 그림책에 관심을 갖는다.
• 규칙에 따라 게임을 할 수 있다.</td></tr>
<tr><td>교육과정
관련요소</td><td colspan="3">언어영역, 기본생활영역</td></tr>
<tr><td>준 비 물</td><td colspan="3">그림책, 판게임, 주사위, 말, 닭 그림, 달걀그림</td></tr>
<tr><td>내 용</td><td colspan="3">[도 입]
교사: 지난시간에 배운 것 기억나니?
유아: 닭에 대해 배웠어요.
교사: 닭에 대해 어떤 것을 알아봤지?
유아: 무엇을 먹는지요 / 어떻게 자는지요 / 어떻게 자라는지요
교사: 맞았어. 병아리가 무엇을 먹는다고 했니?
유아: 쌀/ 물/ 지렁이/ 풀/ 모래
교사: 어디서 잠을 잔다고 했니?
유아: 높은 곳이요.
교사: 왜 높은 곳에서 잔다고 했니?
유아: 적으로부터 자신을 보호하려고요.
교사: 그래, 잘했어. 너희들이 잘 기억하고 있구나.
이제, 닭이 나오는 책을 읽어 볼 거야. 함께 보자.
유아: 네~
('그림읽기' 참고)
교사: 이 책을 보니까 어떠니?
유아: 재미있어요.
교사: 어느 부분이 가장 재미있었니?
유아: 병아리가 신발 끈을 묶는 거요. / 병아리의 수가 점점 늘어나는 것이요
교사: 그랬구나.</td></tr>
</table>

Activity ❷

Heading	Let's Gather Eggs	Theme	Animal
Type of Activity	Literacy-Reading Picture / Game	Group Size	10
Age	3yrs.	Time	20mins.
Goal	• Interesting in the picture book • Play the game according to the rule		
Factor of Curriculum	Language Art, Basic Living Activity Area		
Requirement	Picture Book, Game Board, Dice, Checkers, Hen Picture able to put on the Flannel Board, Egg Picture		
Content	**(Introduction)** T: Can you remember the last lesson? C: We learned about the hen. T: What are those we talked about the hen? C: What to eat / how to sleep / how to grow T: Right. What are chicks eat? C: Rice / water / worm / grass / sand T: Where does hen sleep? C: Higher place T: Why does they sleep in the higher place? C: To protect from the enemy. T: Excellent. you remember very well Now, we'll read the picture book about hen. Let's read together. C: Yes~ (refer to "reading pictures") T: How was this book? C: Fun. T: What part was the most interesting? C: The chicks buckle the shoes / The number of chicks are getting bigger. T: I see.		

<table>
<tr><td>내 용</td><td>
[전 개]
교사: 이 책의 주인공은 누구일까?
유아: 닭, 병아리
교사: 그래, 닭과 병아리가 주인공이야. 이 닭과 병아리가 나오는 게임을 준비해 왔어. 같이 보도록 하자. (게임 자료를 보여준다)
교사: 이것이 무엇이니?
유아: 게임판이요 (주사위, 말)
교사: 이것은 무엇일까?
유아: 닭!
교사: 그래, 두 마리의 닭이 있어. 그리고 이것은 무엇일까?
유아: 달걀!
교사: 그래, 달걀 그림이 아주 많아.
이것을 가지고 어떤 게임을 할 수 있을까 생각해보자.
유아: 주사위를 굴려서 주사위에 나온 수만큼 달걀그림을 놓아요.
주사위를 굴려서 나온 수만큼 말을 옮겨요. 말이 끝까지 가면 게임이 끝나는 거예요.
교사: 이것들을 가지고 여러 가지 방법으로 게임을 할 수 있구나.
그런데 오늘은 이런 규칙을 준비해 왔어. 같이 보자.
(게임 규칙)
① 가위바위보로 순서를 정하고 판과 말을 나누어 갖는다.
② 주사위를 던지고 주사위에 있는 숫자만큼 말을 옮긴다.
③ 게임판에 있는 숫자만큼 달걀을 내 판에 놓는다.
④ 말이 ‘도착’에 오면 게임이 끝난다.
⑤ 내 판 위에 있는 달걀을 센다.
교사: 이제 알겠지?
유아: 네!
교사: 누가 앞에 나와서 해 보겠니? 그래. ○○! 나오세요.
(한번 보여준다) 할 수 있겠지?
유아: 네!

[마무리]
교사: 선생님이 이 게임을 흥미영역에 둘게. 자유놀이시간에 하고 싶은 사람은 더 하도록 하자. 다음은 바깥놀이 시간이야. 선생님이 이름을 부르면 밖으로 나가자.
</td></tr>
</table>

<table>
<tr><td>Content</td><td>

(Development)
T: Who is the hero in this book?
C: Hen, Chick
T: Right, the hen and the chick are heroes. I brought some materials to play a game including chick and hen. First, let's see the materials. (show the materials)
T: What is this?
C: Game board (dice and checkers)
T: Look at this. What is it?
C: Hen!
T: Right, There are two hens. And what is this?
C: Eggs!
T: Right I brought many egg pictures.
Guess what can we do with these.
C: We can roll the die and put the egg cards as the number shows on the die./ We can roll the die and move the checker as the number on the die. It can be finished to arrive at the end.
T: There are many ways to play with these materials.
But I prepared rules to play. Let's see.
(Game rule)
① Make a turn through rock scissors paper and share the board and checker.
② Throw the die and move the checker as the number on the die.
③ Put the egg picture on my board as the number on the game board.
④ Game is finished when the checker arrives at the 'end'.
⑤ Count eggs on my board.
T: Everyone knows how?
C: Yes.
T: Who want's to come out and try with me? Yes. ○○! Come here. (show how to do the game) Do you understand how to play the game?
C: Yes.

(Ending)
T: I'll put this game on the interesting area. You can play this game in the freetime when you want.
Next, We will play in the outside playground.
Go out when I call your name.

</td></tr>
</table>

활 동 ❸

<table>
<tr><td>제 목</td><td>수를 읽어요</td><td>생활주제</td><td>동물</td></tr>
<tr><td>활동유형</td><td>문해활동-수 학습</td><td>집단크기</td><td>10명(소그룹)</td></tr>
<tr><td>연 령</td><td>3세</td><td>시 간</td><td>10분</td></tr>
<tr><td>목 표</td><td colspan="3">수를 배운다.</td></tr>
<tr><td>교육과정
관련요소</td><td colspan="3">언어영역, 탐구영역(수)</td></tr>
<tr><td>준 비 물</td><td colspan="3">영어 수 카드</td></tr>
<tr><td>내 용</td><td colspan="3">[도 입]
교사: 지난시간에 무엇을 배웠는지 생각해보자. 무엇을 배웠지?
유아: 그림책을 읽었어요. / 게임을 했어요.
교사: 맞아, ‘Big Fat Hen’이라는 그림책을 읽었어. 그 책 내용에서 무엇이 생각나니?
유아: 병아리 /잠자리 / 닭
교사: 그리고 그것 말고도 나온 것이 있었는데... 하나, 둘..
유아: 숫자!
교사: 맞았어~ 이 책에는 많은 숫자가 나왔어.

[전 개]
교사: 자, 이제 숫자를 읽어보는 시간을 가질 거야. 먼저, 이 카드들을 보자
유아: 네
(숫자 카드 1을 보여준다)
유아: 1(일)!!
교사: 그래, 이것은 일이야. 함께 읽어보자.
유아: 일
교사: 다음 카드는?
(숫자 2카드를 보여준다)
유아: 2(이)!!
교사: 잘했어, 이것은 둘이야. 모두 함께 읽어보자.
유아: 이</td></tr>
</table>

Activity ❸

Heading	Reading Number	Theme	Animal
Type of Activity	Literacy-Learning Number	Group Size	10
Age	3yrs.	Time	10mins.
Goal	Learning Number		
Factor of Curriculum	Language Art		
Requirement	English Number Cards		
Content	**(Introduction)** T: Let's review the last class. What did we learn? C: Reading picture book / Playing a game T: Right, we read a picture book Big Fat Hen. What did you remember about the book? C: Chicks / dragonfly / hen T: And there are many others....., one, two... C: Number! T: Good~ There are many numbers in this book. **(Development)** T: Now, we will have a time to read numbers. First, let's see these cards. C: Yes. (show the number card 1) C: 1(one)!! T: Right, this is one. Let's read together. C: One T: Next card is...? (show the number card 2 C: 2(Two)!! T: Good, this is two. Everybody, let's read together. C: Two		

<table>
<tr><td>내 용</td><td>(같은 방법으로 10까지 읽는다)
교사: 잘했어요, 여러분.
이제, 우리가 영어이름과 숫자를 연결해 볼 거야.
이것은 무엇이니?
유아: 일
교사: 그래, 1카드의 영어이름카드를 누가 찾아볼 수 있겠니 1?
유아: 저요~
교사: OO! 이리 나와서 찾아보자.
(카드를 찾아 붙인다)
교사: 맞았니?
유아: 네!
교사: 좋아요. 모두 함께 읽어봐요. 일..
유아: 일~
교사: 잘했어요~ 다음은 누가 2카드의 영어이름카드를 찾아볼까?
유아: 저요~
교사: OO! 이리 나와서 찾아보자.
(찾아서 카드를 붙여보자)
교사: 이것이 맞았니?
유아: 네!
교사: 그래. 모두 함께 읽어보자, 이
유아: 이~
(10까지 같은 방법으로 카드를 찾아 붙이도록 한다)
교사: 자, 이제 일부터 십까지 읽어보자.
교사/유아: 일, 이 ·······열.
교사: 잘했어요.

[마무리]
교사: 우리는 영어로 수 이름을 배웠어. 이 카드들을 흥미영역에 둘게. 자유놀이 시간에 더 가지고 놀고 싶은 사람은 가지고 놀도록 하자. 다음 시간은 자유놀이시간이야. 이름을 부르면 가서 놀이하도록 하자.</td></tr>
</table>

Content	(read till 10 in the same way) T: Good job! everybody Now, we'll have a game matching the English name to the number. What is this? C: One T: Right. who can find the English name card of 1? C: Me~ T: OO come out here and find it. (let her/him find and put the card) T: Is it correct? C: Yes! T: Good. Let's read together~ one C: One~ T: Good job~ next, who can find the English name of 2? C: Me~ T: OO! come out here and find it. (let her/him find and put the card) T: Is it correct? C: Yes! T: Good. Let's read together~ two C: Two~ (let them find and put the cards till 10 in the same way) T: Now, let's read the name of numbers from one to ten. T/C: One, two ······· ten. (point to the letter on the flannel board) T: Great job! **(Ending)** T: We learned how to read English name of number. I'll put these cards on the interesting area. You can play with these cards at the freetime when you want. Next, it is a freetime. When I call your name, you can go and play.

활 동 ❹

<table>
<tr><td>제 목</td><td>파닉스</td><td>생활주제</td><td>동물</td></tr>
<tr><td>활동유형</td><td>문해활동-라임맞추기</td><td>집단크기</td><td>10명(소그룹)</td></tr>
<tr><td>연 령</td><td>3세</td><td>시 간</td><td>10분</td></tr>
<tr><td>목 표</td><td colspan="3">음운이 같은 단어를 학습한다.</td></tr>
<tr><td>교육과정
관련요소</td><td colspan="3">언어영역</td></tr>
<tr><td>준 비 물</td><td colspan="3">단어카드</td></tr>
<tr><td>내 용</td><td colspan="3">[도 입]
교사: 이 책의 제목이 무엇이었지?
유아: “Big Fat Hen”
교사: 그래, 함께 읽어보자. Big... Fat... Hen
유아: Big Fat Hen!
교사: 잘했어! 이 책을 함께 읽어보자.
(책을 읽을 때 교사가 라임 부분을 강조하여 읽는다)
교사: 지난번에 배운 것 기억나니?
유아: 숫자를 배웠어요.
교사: 그래, 숫자 읽는 것을 배웠지.
이 책에 있는 숫자의 라임을 찾아볼 거야.

[전 개]
교사: 우리가 배웠던 수를 다시 한 번 읽어보자.
(카드를 붙이고 읽는다)
교사: 그래. 너희들 “one two buckle my shoe”라는 말 기억나니?
유아: 네
교사: “Two”와 같은 라임을 가진 단어가 무엇일까?
(shoe 소리를 내는 입모양을 보여준다)
그것은 “shoe”야. (‘shoe’ 카드를 ‘two’ 카드 옆에 붙인다)
모두 함께 읽어보자. two~ shoe~
유아 : two~ shoe~</td></tr>
</table>

Activity ❹

<table>
<tr><td>Heading</td><td>Phonics</td><td>Theme</td><td>Animal</td></tr>
<tr><td>Type of Activity</td><td>Literacy-Matching the Rhyme</td><td>Group Size</td><td>10</td></tr>
<tr><td>Age</td><td>3yrs.</td><td>Time</td><td>10mins.</td></tr>
<tr><td>Goal</td><td colspan="3">Learning about Rhyming Words</td></tr>
<tr><td>Factor of Curriculum</td><td colspan="3">Language Art</td></tr>
<tr><td>Requirement</td><td colspan="3">Word Cards</td></tr>
<tr><td>Content</td><td colspan="3">(Introduction)
T: What was the title of this book?
C: Big Fat Hen
T: Good. Let's read together. Big... Fat... Hen
C: Big Fat Hen!
T: Good job! Let's read this book together.
(Teacher reads the rhyme strongly when we read the book together.)
T: Do you remember the last class?
C: We learned numbers.
T: Right, we learned how to read numbers.
Now, we will find the rhyme with the number in this book.

(Development)
T: Let's read the number again we learned.
(put and read the cards)
T: Good. Do you remember "one two buckle my shoe"?
C: Yes
T: What is the word that has the same sound with two?
(show them how to make your lips to sound 'two')
It is shoe. (put the 'shoe' card by the 'two' card)
Let's read together. two~ shoe~
C: Two~ Shoe~</td></tr>
</table>

<table>
<tr><td>내 용</td><td>교사 : 잘했어! 다음 카드를 읽어보자.
(단어카드 ‘door’를 보여준다)
교사/유아: “door”
교사: 어떤 숫자가 “door”와 같은 소리를 가지고 있니?
자 하나씩 읽어보자. ‘one’, ‘door’
이 단어들이 같은 소리를 가지고 있니?
유아: 아니요!
교사: 그럼 ‘door’ ‘two’는 어떠니?
유아: 아니요!
교사: 그럼 ‘three’, ‘door’
유아: 아니요!
교사: 그럼 ‘four’, ‘door’는?
유아: 네!
교사: 아! 그렇구나. ‘four’와 ‘door’가 같은 소리구나, 같이 읽어보자
교사/유아: ‘four’ ‘door’
(같은 방식으로 ‘sticks’ ‘straight’ ‘hen’ ‘friends’를 연결한다.)
교사: 잘했어!
교사: 이제, 라임카드를 찾아서 연결해 볼 거야. 카드를 함께 읽어보자.
hen... hen 과 같은 라임은 무엇이 있니? 누가 찾아볼까?
유아: 저요!
교사: OO! 이리 나와서 해보자.
(카드를 찾아 붙인다)
교사: 맞게 했니?
유아: 네!!
교사: 잘했어. 이 카드를 함께 읽어보자. two... two 와 같은 라임은 어느 것일까? 누가해볼까?
(같은 방식으로 라임카드를 연결한다)

[마무리]
교사: 라임 단어를 배웠어. 선생님이 이 카드들을 언어영역에 둘 거야. 친구와 함께 해 보고 싶은 사람은 더 해보도록 하자.
유아: 네!
교사: 자, 이름 부르면 화장실에 가서 손 씻고 오자. 점심을 먹을 거야.</td></tr>
</table>

<table>
<tr><td>Content</td><td>T: Great job! Let's read the next card.
(show the word card ‘door’)
T: Which number has the same rhyme with ‘door’?
Now, let's read one by one.
Do these cards ‘one’ and ‘door’ have same rhyme?
C: No.
T: Then, do the words ‘two’ and ‘door’ have same rhyme?
C: No.
T: Then, ‘three’ and ‘door’?
C: No.
T: How about the words ‘four’ and ‘door’?
C: Yes!
T: Okay, The words ‘four’ and ‘door’ have the same shape of lips having same rhyme. Let's read together.
T/C: Four - door
(matching the cards ‘sticks’ ‘straight’ ‘hen’ ‘friends’ in the same way)
T: Good!
T: Now, you can find the rhyme cards and match. Let's read this card together. Hen... what is the rhyme card with hen? Who wants to try?
C: Me!
T: OO, come over here and try.
(let her/him find and put the card)
T: Is it right?
C: Yes!!
T: Then, let's read these cards together ‘hen’, ‘ten’. Great job. Let's read this card. Two... what is the rhyme card with two? Who wants to try?
(matching the rhyme card in the same way)

(Ending)
T: We learned rhyming words. I'll put these cards on the language art area. You can play a game of matching the cards with your friends.
C: Yes!
T: When I call your name, go to the bathroom and wash your hands. We'll eat lunch afterward.</td></tr>
</table>

활 동 ❺

<table>
<tr><td>제 목</td><td>닭 모자이크</td><td>생활주제</td><td>동물</td></tr>
<tr><td>활동유형</td><td>통합활동 - 미술</td><td>집단크기</td><td>10명(소그룹)</td></tr>
<tr><td>연 령</td><td>3세</td><td>시 간</td><td>20분</td></tr>
<tr><td>목 표</td><td colspan="3">• 소근육을 증진시킨다.
• 미술기법의 하나인 모자이크를 배운다.</td></tr>
<tr><td>교육과정
관련요소</td><td colspan="3">표현생활</td></tr>
<tr><td>준 비 물</td><td colspan="3">닭 모양 종이, 색종이, 풀, 색연필</td></tr>
<tr><td>내 용</td><td colspan="3">[도 입]
교사: 이 책의 제목이 무엇이었는지 기억나니?
유아: Big Fat Hen
교사: 그렇지! 이 책을 다시 한 번 같이 읽어보자.
(다시 한 번 같이 읽는다)
교사: 오늘은 닭 모자이크를 할 거야. 너희들 모자이크가 무엇인지 아니?
작은 조작 종이를 닭 그림에 풀로 붙이는 거야. 맞아, 모자이크는 미술방법 중 하나인데, 색 유리나 색 모래로 그림을 만드는 것을 말해. 우리는 색유리 대신에 여기 있는 색종이를 이용할 거야.

[전 개]
(밑그림을 보여준다)
교사: 이것이 무엇이지?
유아: 닭이요~
교사: 그래, 닭은 Big Fat Hen에 나오는 인물이었지.
이제, 우리가 이 닭을 꾸며줄 거야. 우리가 어떻게 하면 될까? 방법을 말해보자.
(만드는 방법을 적은 판을 보여준다)
1. 자기가 원하는 색종이를 선택한다.
2. 손으로 색종이를 찢는다.</td></tr>
</table>

Activity ❺

<table>
<tr><td>Heading</td><td>Hen Mosaic</td><td>Theme</td><td>Animal</td></tr>
<tr><td>Type of Activity</td><td>Integration Activity - Art</td><td>Group Size</td><td>10</td></tr>
<tr><td>Age</td><td>3yrs.</td><td>Time</td><td>20mins.</td></tr>
<tr><td>Goal</td><td colspan="3">• Enhancing Fine Muscle.
• Knowing that Mosaic is One of the Art Technic.</td></tr>
<tr><td>Factor of Curriculum</td><td colspan="3">expression.</td></tr>
<tr><td>Requirement</td><td colspan="3">Paper of Hen Picture, Colored Paper, Glue, Colored Pencil</td></tr>
<tr><td>Content</td><td colspan="3">(Introduction)
T: Can you remember what the title of this book is?
C: Big Fat Hen
T: Excellent! Let's read this book together again.
(read the book together again)
T: We will make a hen by mosaic. Do you know the mosaic? Stick a little piece of colored paper on the picture. Mosaic is one way of art work, making a picture with a colored glass or colored sand. We will use this colored paper instead of colored glass.

(Development)
(show a designed paper)
T: What is this?
C: Hen~
T: Right, Hen is the character in the Big Fat Hen?
Now, we will decorate this hen. What should we do? Let's read the followings.
(show the board saying how to make)
1. Select the colored paper you want
2. Tear the colored paper with your hand</td></tr>
</table>

<table>
<tr>
<td>내 용</td>
<td>3. 밑그림에 풀을 묻힌다.
4. 작은 색종이 조각을 밑그림에 붙인다.
5. 색연필로 장식한다.

교사: 할 수 있겠니?
유아: 네~
교사: 한명씩 여기로 나와서 종이를 받아서 자기 자리로 가도록 하자.
(모자이크를 한다)
교사: 모두 다 했니?
유아: 네
교사: 친구들에게 자기가 한 것을 보여주고 싶은 사람 있니?
유아: 저요~
교사: OO! 이리 나와서 보여주자.
유아: 이것은 하얀 엄마 닭이고 병아리들과 마당에서 놀고 있는 거예요.
(2~3명의 유아에게 발표할 기회를 준다)

[마무리]
교사: 선생님이 너희들 작품을 모두 벽에 전시해 줄 거야. 그러면 다른 친구의 작품을 볼 수 있겠다. 자, 이제 이름을 부르면 앞으로 나와서 자신의 그림을 선생님에게 주고 손을 씻으러 화장실로 가자.</td>
</tr>
</table>

Content	3. Glue on the designed paper 4. Put a piece of colored paper on it. 5. Decorate with colored pencil T: Can you do it? C: Yes~ T: Come out here and take a paper one by one, and then go back to your seat. (take some time to mosaic) T: Are you done? C: Yes T: Who wants to show your paper to friends? C: Me~ T: OO, Come here and show your paper. C: This is a white hen and she is playing with a chick in the yard. .(give a chance to speak to 2-3 children) **(Ending)** T: I'll put all of your mosaic papers on the wall, and you can see the mosaic papers of others. When I call your name, you come here and give me your mosaic paper and go to the bathroom

Reading Pictures-Big Fat Hen

엄마 닭과 숫자 1, 2가 있는 장면	T: What can you see on this picture? C: Hen! T: We can see a big fat hen. And what else do you see? C: Dragonfly! T: Right! How many dragonflies are there? C: One! T: How many eggs are there? One~~ two~~ We can see one dragonfly and two eggs.

병아리 두 마리가 신발 끈을 묶는 장면	T: There are two chicks. Where are they? C: On a shoe! T: What are they doing? They are buckling the shoe.

엄마 닭과 숫자 3,4가 있는 장면	T: What does the hen see? C: Worms! T: How many worms? Let`s count them. One, two, three! Three worms. How about the eggs? Can you count them? C: One, two, three, four! Four eggs!

병아리 네 마리가 문을 닫는 장면	T: These eggs have hatched! Who has hatched from the eggs? C: Four chicks! T: Right! What are they doing? C: Shutting the door T: Four chicks are shutting the door.

엄마 닭과 숫자 5, 6이 있는 장면	T: Good job! What are five? C: Snails! T: One, two, three, four, five snails are there!

병아리 여섯 마리가 나뭇가지를 줍는 장면	T: One, two, three, four, five, six chicks came from six eggs. What are they doing? C: Picking up sticks! T: Right! Six chicks pick up sticks. What do you want to see next?

엄마 닭과 숫자 7, 8이 있는 장면	T: Look at this! Who are around the hen? C: Bees! T: How many bees? C: Seven! T: Are there seven eggs too? C: No! There are eight eggs. T: Then, how many chicks come next?

병아리 여덟 마리가 나뭇가지를 정리하는 장면	C: Eight! T: Right! Let`s count them! One, two, three, four, five, six, seven, eight! Do you know what they do? They are laying sticks straight. Eight chicks lay them straight! Which number comes next? C: Nine! Ten!

엄마 닭과 숫자 9, 10이 있는 장면	T: You`re right! What are nine? C: Butterflies! T: Are you sure? C: Yes! T: OK. Let`s count them. One, two, three, four, five, six, seven, eight, nine! There are nine butterflies. How many chicks come next? C: Ten!
엄마 닭과 열 마리의 병아리들이 있는 장면	T: Right! There are ten chicks around the big fat hen!
엄마 닭의 친구들이 몰려오는 장면	T: Who are they? C: Mommy hen`s friends!
어미 닭들의 병아리들이 모여 있는 마지막 장면	T: And so many chicks, too! Do you want to count them? C: Yes! T: OK! One, two, three, four…….

<table>
<tr><th>제 목</th><th colspan="2">From Head to Toe</th></tr>
<tr><td>저 자</td><td>Eric Carle</td><td rowspan="5">
</td></tr>
<tr><td>삽 화 가</td><td>Eric Carle</td></tr>
<tr><td>출 판 사</td><td>Harper Collins Publishers</td></tr>
<tr><td>주 제</td><td>움직임, 동물, 신체부위</td></tr>
<tr><td>대상연령</td><td>만3세</td></tr>
<tr><td>내 용</td><td colspan="2">I am a penguin and I turn my head. Can you do it? I can do it!
I am a giraffe and I bend my neck. Can you do it? I can do it!
I am a buffalo and I raise my shoulders. Can you do it? I can do it!
I am a monkey and I wave my arms. Can you do it? I can do it!
I am a seal and I clap my hands. Can you do it? I can do it!
I am a gorilla and I thump my chest. Can you do it? I can do it!
I am a cat and I arch my back. Can you do it? I can do it!
I am a crocodile and I wriggle my hips. Can you do it? I can do it!
I am a camel and I bend my knees. Can you do it? I can do it!
I am a donkey and I kick my legs. Can you do it? I can do it!
I am a elephant and I stomp my foot. Can you do it? I can do it!
I am I and I wiggle my toe. Can you do it? I can do it!</td></tr>
<tr><td>작 가</td><td colspan="2">1967년 빌 마틴 주니어의 <Brown bear brown bear what do you see?> 그림책의 그림을 그리면서 그림책과의 인연이 시작되었다. 그의 그림은 생명에 대한 사랑과 자연에 대한 경외감으로 시작하여 현대적인 대담한 색채, 깊고 풍부한 질감, 독특한 콜라주 기법, 과감한 여백처리, 시적인 표현력과 조화롭게 균형을 이루고 있다. 전 세계 많은 어린이들의 친구인 <배고픈 애벌레>는 1969년에 출판되어 30개 이상의 언어로 번역되었고 거의 40년이 지난 지금까지도 많은 어린이들에게 지속적인 사랑을 받고 있다.</td></tr>
<tr><td>활 용</td><td colspan="2">* 내가 좋아하는 동물 그리기
* 행동을 나타내는 표현 익히기
* 신체 부위 이름 익히기
* 나처럼 해봐라
(동물들의 동작 따라하기 게임)
* 문해 활동
(나눠 읽기/ 유창하게 읽기)</td></tr>
</table>

활동내용

1. 내가 좋아하는 동물 그리기(조형)
2. 그림읽기- 행동을 나타내는 표현
3. 신체부위 이름
4. 동물들의 동작 따라해 보기
5. 통합적 연결활동 - 동극
6. 내용 익히기 - 나눠 읽기/유창하게 읽기

활동 3자료

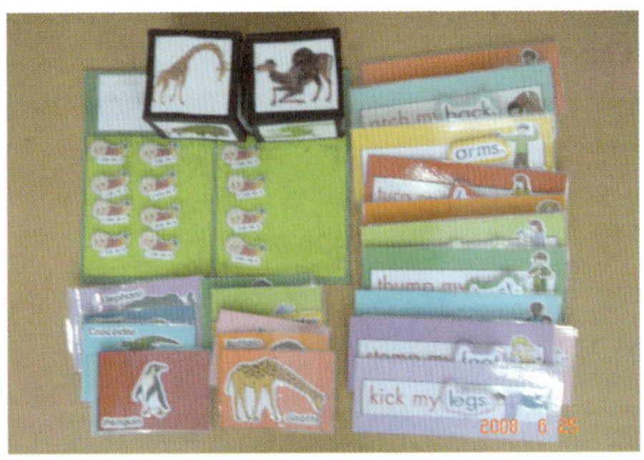

활동 4자료

활 동 ❶

제 목	내가 좋아하는 동물 그리기	생활주제	동물
활동유형	미술활동	집단크기	15명(소그룹)
연 령	만 5세	시 간	20분
목 표	여러 동물의 특징을 알 수 있다.		
교육과정 관련요소	언어생활 - 듣기 (바른 태도로 듣기)		
준 비 물	동물 그림자료(기린, 원숭이, 고양이, 악어) 동화책, CD		
내 용	[도 입] 교사: 오늘은 선생님이 동물 그림을 몇 장 가지고 왔단다. 어떤 동물 그림인지 보자. (고양이 그림을 융판에 붙이면서) 이 동물은 무엇일까? 유아: 고양이 교사: 그래, 고양이야. 고양이는 어떻게 울지? 유아: 야옹 야옹 교사: 그렇구나. 이번 동물은 누구일까?(원숭이 그림을 붙인다) 유아: 원숭이 교사: 그래~ 원숭이야. 누가 원숭이 모습을 흉내내보겠니? (유아에게 기회를 준다). ○○○가 정말 잘 표현해 주었다. 우리 모두 박수쳐 주자. 자, 이번 그림은 어떤 동물일까? (기린그림을 붙인다) 유아: 기린이요 교사: 그래, 이 동물을 기린이라고 하지? 모두 '기린' 따라해 보세요. 유아: 기린, 기린 교사: 마지막으로 준비한 동물 그림을 보자.(악어그림을 붙인다) 이 동물 이름은 무엇일까? 유아: 잘 몰라요. 교사: 그래, 이 동물의 영어 이름은 alligator야. 모두 따라해 보자. alligator, alligator		

Activity ❶

<table>
<tr><td>Heading</td><td>Drawing Favorite Animals</td><td>Theme</td><td>Animal</td></tr>
<tr><td>Type of Activity</td><td>Art</td><td>Group Size</td><td>15</td></tr>
<tr><td>Age</td><td>5yrs.</td><td>Time</td><td>20mins.</td></tr>
<tr><td>Goal</td><td colspan="3">Learning Features of Animals</td></tr>
<tr><td>Factor of Curriculum</td><td colspan="3">Language-Listening (attitude of listening)</td></tr>
<tr><td>Requirement</td><td colspan="3">Animals Picture Cards(giraffe, monkey, cat, alligator). Book. CD</td></tr>
<tr><td>Content</td><td colspan="3">(Introduction])
T: Today, I brought some cards of animals. Let's look at the cards.
(put the cat on the board) What is this?
C: A cat.
T: Right. This is a cat. How does a cat cry?
C: Meow, meow.
T: Right. What is this animal then?(put the monkey)
C: A monkey
T: Right. A monkey. Who can mimic the monkey?
(give them chances). ○○○ did good job. Let's give ○○○ a big hand. Now what animal shall we put next?(put the giraffe)
C: A giraffe.
T: Right. We call this giraffe. Everybody says giraffe. “giraffe”
C: A giraffe, a giraffe.
T: Let's look at the last animal.(put the alligator).
What animal is this?
C: I don't know.
T: Okay. This animal is an alligator.
Let's say alligator. “alligator”</td></tr>
</table>

내 용	유아: alligator, alligator! 교사: 자 4가지 동물 그림을 보았는데, 이중에서 제가 좋아하는 동물이 있어요 하는 사람 손 들어보자.(손을 든 유아에게 발표의 기회를 준다) ☆☆☆는 어떤 동물이 좋아하니? 유아: 기린이요. 교사: ☆☆☆는 기린을 좋아하는구나. 자, 여기 있는 동물 말고 다른 동물을 좋아하는 사람 손들어 보자. (유아들이 손을 들면 발표의 기회를 준다) △△△는 어떤 동물을 좋아하니? 유아: 강아지가 좋아요. [전 개] 교사: 그래, 우리가 좋아하는 동물이 서로 다르구나. 오늘은 자기가 좋아하는 동물을 그려볼 거예요. 색연필이랑 사인펜을 가지고 책상에 앉아서 그려보도록 해요~. 유아: 네!! (유아들이 그린 그림에 교사가 동물 이름을 적어준다. 이때 유아가 자신이 그린 동물의 영어이름을 모른다면 교사가 가르쳐준다. 아이들이 그림을 다 그리고 다시 모여 앉는다) 교사: 모두들 자기가 좋아하는 동물들을 멋지게 그렸니? 유아: 네~ 교사: 너희들이 그린 동물그림을 이 바구니에 모았어. 어떤 동물들을 그렸는지 보도록 하자. (바구니에서 한 장의 그림을 꺼낸다) 이것은 누가 그린 것이니? 유아: 저요~ 교사: 그래, ○○는 어떤 그림을 그린 것이니? 유아: 나는 곰을 그렸어. 교사: 애들아~ ○○는 곰을 좋아한데요~. 이번 그림은 누가 그린 것일까? (바구니에서 또 한 장의 그림을 꺼내 보여준다) 유아: 저요 교사: 그래, 이것은 무슨 동물을 그린 것이니?. 유아: 고양이 교사: 그래, □□는 고양이를 좋아하는구나.

Content	C: An alligator, alligator T: Good. We saw four kinds of animals. What is your favorite animal? Raise your hand.(let a child say the animal) ☆☆☆! What is your favorite animal? C: Giraffe. T: Okay. ☆☆☆ likes giraffe. Now, who do you like other animal? Raise your hand. (give a chance to a child who raised his/her hand) △△△! What animal do you like? C: I like a dog. **(Development)** T: Okay. We all like different animals. Today, we will draw our favorite animals. Do you have color pencils and pens? Be ready to draw on the table and start to draw. C: Yes! (write animal's name on children's drawings. If they don't know the name of animal, let them know. Children gather and sit after finish their work) T: Did you enjoy your drawings? C: Yes. T: I put your drawings here in the basket. Let's see the animals you drew. (take one picture from the basket) Who did this animal? C: Me. T: Good. What animal did you draw? C: A bear. T: Okay, children! □□ likes a bear. Now, who did this animal? (take one picture again and show) C: Me. T: Okay. What animal did you draw? C: A cat T: Okay. You like a cat.

내 용	[마무리] 교사: 너희들이 그린 그림을 벽에 붙여줄게. 친구들이 좋아하는 동물이 어떤 동물인지 보도록 하자. 유아: 네~

Content	**(Ending)** T: I'll put your pictures on the wall. You can see the pictures and find what animals your friends like. C: Yes.

활 동 ❷

<table>
<tr><td>제 목</td><td>그림읽기</td><td>생활주제</td><td>동물</td></tr>
<tr><td>활동유형</td><td>그림읽기- 행동을 나타내는 표현 익히기</td><td>집단크기</td><td>10명(소그룹)</td></tr>
<tr><td>연 령</td><td>만 5세</td><td>시 간</td><td>10분</td></tr>
<tr><td>목 표</td><td colspan="3">동물의 이름을 알 수 있다.
신체 각 부위의 이름과 동작을 익힌다.</td></tr>
<tr><td>교육과정
관련요소</td><td colspan="3">언어생활 - 듣기 (바른 태도로 듣기)
신체활동</td></tr>
<tr><td>준 비 물</td><td colspan="3">동화책, CD</td></tr>
<tr><td>내 용</td><td colspan="3">[도 입]
(“head, shoulders, knees and toes” 노래를 율동하면서 부른다)
교사: 자, 머리가 어디 있니?
유아: 머리(손으로 머리를 가리킨다)
교사: 그래, 그러면 어깨는 어디지?
유아: 여기(어깨를 가리킨다)
교사: 그래, 무릎은 어디지?
유아: 여기(손으로 무릎을 가리킨다)
교사: 그래, 발가락은 어딜까?
유아: 여기요.(발가락을 가리킨다)

[전 개]
교사: 그래, 잘 알고 있구나. 오늘은 머리, 어깨, 무릎, 발가락이 나오는 동화책을 가지고 왔어. (책을 보여준다.) 제목은 From Head to Toe란다. 어떤 동물이 있지?
유아: 고릴라/원숭이
교사: 그래, 이 동물은 고릴라야. 책 안에는 어떤 내용이 있는지 우리 다 같이 그림을 먼저 볼까요?
유아: 네~
교사: 여기에 어떤 그림이 있어?
유아: 펭귄이요, 여자애가 있어요.
교사: 다음 장은 누가 있어?</td></tr>
</table>

Activity ❷

<table>
<tr><td>Heading</td><td>Reading Pictures</td><td>Theme</td><td>Animal</td></tr>
<tr><td>Type of Activity</td><td>Reading Pictures-Expressions of Acting</td><td>Group Size</td><td>10</td></tr>
<tr><td>Age</td><td>5yrs.</td><td>Time</td><td>10mins.</td></tr>
<tr><td>Goal</td><td colspan="3">Learning Animals' Name
Learning Names of Your Body and Actions</td></tr>
<tr><td>Factor of Curriculum</td><td colspan="3">Language- Listening (good attitude of listening)
Action of Body</td></tr>
<tr><td>Requirement</td><td colspan="3">Book, Cd.</td></tr>
<tr><td>Content</td><td colspan="3">(Introduction)
(sing a song with motion "head and shoulders knees and toes")
T: Now, Can you say where your head is?
C: Here! (point to head with fingers)
T: Good, Where is shoulder?
C: Here! (point to shoulder)
T: Okay, How about knees?
C: Here! (point to knees)
T: Good. Where are toes?
C: Here! (point to the toes)

(Development)
T: Right. You know well about your body. I brought a book which shows the names of bodies. (show the book) The title is "From Head to Toe". What animal do you see?
C: A gorilla
T: Right. This is a gorilla. Let's see what is this book about.
C: Yes.
T: What do you see on this picture?
C: A penguin and a girl.
T: Right. What do you see in this picture?</td></tr>
</table>

<table>
<tr><td>내 용</td><td>유아: 기린이랑 남자아이가 있어요~
교사: 또 다음 장은 누가 나왔어?
유아: 소랑 여자아이요~
교사: 응~ 들소랑 여자아이가 있구나. 정말 여러 동물들과 친구들이 나왔다.
뒷장엔 또 어떤 동물이 나올까?
유아: 원숭이요, 남자아이
교사: 그 다음 장엔?
유아: 물개랑 또 어떤 애 있어요.!!
교사: 또 뒷장엔 어떤 동물이 있을까~?
유아: 고릴라요~~~ 노랑머리아이요~
교사: 여기에는 어떤 동물이 있니?
유아: 고양이요, 모자를 쓴 아이도 있어요.
교사: 그래, 다음 장에는 무엇이 있니?
유아: 악어랑 남자아이가 있어요.
교사: 뒷장에는~
유아: 낙타랑 노랑머리 여자아이요!!
교사: 그럼 뒷장에는 이 동물 이름은 뭘까?
유아: 말이요. /당나귀요!
교사: 응~ 이 동물 이름은 당나귀야~ 정말 말이랑 비슷하게 생겼구나. 뒷장도 볼까요?~ 누가 나왔니?
유아: 코끼리요. 여자아이요~
교사: 자~ 이제 마지막장이야. 누가 나오니?
유아: 남자아이랑 새가 나와요~
교사: 와~ 이 책에 동물들이 참 많이 나온다.
어떤 동물들이 나왔었지?
유아: 코끼리 낙타 당나귀 악어......
교사: 와~ 정말 많은 동물들이 나왔다~.우리 다시 책을 보면서 어떤 동물이 나왔는지 볼까? (그림만 보여준다.) 이번에는 선생님이 책을 읽어줄게.
(책을 읽어준다.)

[마무리]
교사: 자, 어떤 동물들이 나왔었는지 기억하니?</td></tr>
</table>

Content	C: A giraffe and a boy. T: What is this? C: A buffalo and a girl. T: Yes. There are a buffalo and a girl. We see many animals and friends here. What can you see on the next page? C: A monkey and a boy. T: Next? C: A sea lion and a child. T: What animal is next? C: A gorilla and a child with yellow hair. T: What animal do you see here? C: A cat. A child with a cap. T: Good. What is in the next page? C: Alligator and a boy. T: Next? C: Camel and a girl with yellow hair. T: Do you know what animal is on the next page? C: A donkey! T: Yes. This is a donkey. It's is like a horse. Shall we see the next page? What do you see? C: An elephant. a girl. T: Now this is the last page. What do you see? C: A bird and a boy. T: Wow! There are many animals in this book. Right? What animals do you remember? C: An elephant, a camel, a donkey, an alligator...... T: Right! We saw lots of animals. Let's look at the book again and see what animals we have.(show the pictures only) Now I'll read a book for you. (read) **(Ending)** T: Well, Do you remember all animals now?

<table>
<tr><td>내 용</td><td>유아: 코끼리 고릴라 악어 ......
교사: 우리 친구들 잘 기억하고 있구나.
다음시간에 한 번 더 책을 읽어 주실 거야. 자, 이제 화장실에 다녀오자.</td></tr>
</table>

Content	C: Yes. An elephant, a gorilla, an alligator...... T: Good. You remember all animals well. I'll will read the book again next time. Children! Go to the restroom.

활 동 ❸

제 목	신체 부위 이름	생활주제	동물
활동유형	우리 몸 이름 익히기	집단크기	소집단
연 령	만5세	시 간	20분
목 표	우리 몸의 이름을 알 수 있다.		
교육과정 관련요소	• 신체활동 • 언어활동		
준 비 물	동물카드, 단어카드		
내 용	[도 입] 교사: 우리 친구들 지난시간에 들려주었던 동화 생각나니? 오늘은 선생님이 동화를 먼저 읽으면 우리 친구들이 따라 읽어 볼거야. 잘 할 수 있지? 유아: 네~ (먼저 책을 읽으면서 한 문장씩 따라하게 하면서 어떤 동물들이 어떤 행동을 했는지 기억하도록 한다.) 교사: I am a penguin 유아: I am a penguin 교사: and I turn my head!! 고개를 옆으로 돌릴 수 있대. 유아: and I turn my head. 교사: Can you do it? I can do it 유아: Can you do it? I can do it!! 교사: 우리 친구들도 고개를 옆으로 돌릴 수 있니? 유아: 네! 교사: 우리친구들 다 할 수 있는지 해볼까? 와~ 우리친구들 다 할 수 있구나~ (다른 동물들의 동작들도 따라 해본다.) [전 개] 교사: 애들아 선생님이 동물카드랑 영어카드를 준비해왔는데 다 같이 볼까? 이건 어떤 동물이니?		

Activity ❸

<table>
<tr><td>Heading</td><td>Body Names</td><td>Theme</td><td>Animal</td></tr>
<tr><td>Type of Activity</td><td>Names of the Body</td><td>Group Size</td><td>15</td></tr>
<tr><td>Age</td><td>5yrs.</td><td>Time</td><td>20mins.</td></tr>
<tr><td>Goal</td><td colspan="3">Learning Names of the Body</td></tr>
<tr><td>Factor of Curriculum</td><td colspan="3">• Body Motions
• Language Activity</td></tr>
<tr><td>Requirement</td><td colspan="3">Animal Cards, Words Cards,</td></tr>
<tr><td>Content</td><td colspan="3">(Introduction)
T: Children! Do you remember the story?
Today, I'll read the story first and you copy me. Can you do it?
C: Yes.
(read the book line by line and let them copy. make sure that they remember the animals and their actions)
T: I am a penguin.
C: I am a penguin.
T: And I turn my head!!
C: And I turn my head.
T: Can you do it? I can do it
C: Can you do it? I can do it!!
T: Can you turn your head, children?
C: Yes!
T: Shall we turn our head?
Good! Now I know you can turn your head.
(let them copy the other animals)

(Development)
T: Children! I brought some cards. Let's look at these!
What animal is this?</td></tr>
</table>

내 용	유아: 펭귄이요. 교사: (펭귄이 있는 카드를 융판에 붙인다. 옆에 turn my ---- 카드를 붙인다.) 펭귄은 어떤 동작을 하고 있어? 유아: 머리를 돌릴 수 있어요. 교사: 맞아 그럼 turn my 옆에 어떤 단어가 와야 할까? 누가 나와서 붙여볼까요? (테두리 색을 같게 해서 아이들이 쉽게 답을 알 수 있도록 한다.) (시간을 준다) 교사: 우리 친구가 어떤 카드를 붙였니? 함께 읽어보자. 유아: ‘head’. 교사: 잘 했어요? 유아: 네! 교사: 그래요. 그럼 우리가 펭귄이 된 것처럼 따라해 보자. 교사/유아: ‘I turn my head’ (이와 같은 방법으로 다른 카드들도 해본다) 교사: 오늘 선생님과 우리 몸의 이름에 대해서도 알아봤는데, 재미있었니? 유아: 네~ [마무리] 교사: 우리 친구들 너무 잘 해주었어. 오늘 선생님과 같이 해보았던 영어카드들을 언어영역에 넣어 둘 거야. 더 해보고 싶은 친구들은 자유 시간에 해 보도록 해.

<table>
<tr><td>Content</td><td>C: A penguin.
T: (Put the penguin on the board. And put "turn my ---- "cards next to)
What is penguin doing?
C: Penguin turns his head.
T: Right. Then what word comes to "turn my"? Who wants to come here and put the card? (make them easy to find cards with same color edges)
(give them some time)
T: What card did ○○ put on the board?
Let's read together.
C: Head.
T: Did he/she well?
C: Yes.
T: Very good! Let's pretend to be a penguin and read this sentence and copy this
T/C: 'I turn my head'.
(finish the other cards like this way)
T: Children! Today we learned about our bodies. Did you have a fun?
C: Yes.

(Ending)
T: You all did very well today.
I'll put all the cards that we learned on the center of language.
You can enjoy more as you like when you have freetime.</td></tr>
</table>

활 동 ❹

제 목	동물들의 동작 따라 해보기	생활주제	동물
활동유형	게임	집단크기	소그룹
연 령	만5세	시 간	20분
목 표	게임을 통해 신체표현을 익힌다.		
교육과정 관련요소	언어생활 - 듣기 (바른 태도로 듣기) 신체활동		
준 비 물	주사위2개, 단어 동물동작카드		
내 용	[도 입] *테이프를 들려준다. *두 팀으로 나눠 앉는다. [전 개] 교사: 애들아 오늘 선생님이 재미있는 게임을 준비해왔어. 유아: 야호 교사: 게임을 하기 위해서 준비해온 주사위 2개가 있는데, 이 주사위에 어떤 그림이 있니? 유아: 동물들이요. 교사: 맞아, 모두 동화에 나오는 동물들이야. 주사위 2개로 어떤 게임을 할 수 있을까? 유아: 주사위를 던져서 나온 동물의 이름을 맞추는 거요. 교사: 그래 맞아. 그런데 더 재미있게 할 수 있는 방법이 없을까? 유아: 동물의 행동을 따라 해요. 교사: 그래, 그럼 게임이 더 재미있겠구나. 그럼 한 팀에 한명씩 나와서 주사위를 던지고 주사위에 나온 두 동물의 동작을 따라해 보는 거야. 어때? 유아: 재밌을 거 같아요. 교사: 여기 선생님이 점수판도 준비해왔어요. 두 주사위를 보고, 두 가지 동작을 동시에 할 수 있는 친구에게 점수를 줄 거야. 잘 할 수 있겠니? 유아: 네~		

Activity ❹

Heading	Copying Animals' Motions	Theme	Animal
Type of Activity	Game	Group Size	15
Age	5yrs.	Time	20mins.
Goal	Learning Expressions of Action		
Factor of Curriculum	Language Activity - Listening (fine attitude of listening) Body Activity		
Requirement	Score Board, Two Dice, Animal Cards, Word Cards		
Content	**(Introduction)** * Listen to the tape * Make two teams and sit **(Development)** T: Children! today, I prepared a funny game for you. C: Ya ho! T: For the game, I brought two dice. What picture do you see on the dice? C: Animals. T: Right. These are all from the story. What can we do with these two dice? C: Guessing the animals' name after throwing the dice. T: Right! But can you think the game more funny? C: Copying the animals' actions. T: Right. The game must be more funny. Then, come one by one per a team. And throw dice, look at the animal in the die, and copy the animals' actions. Okay? C: Yes, Funny T: Here I brought a score board. After finishing two actions of two animals at the same time, I'll give a point. Can you do it? C: Yes.		

내 용	교사: 게임을 하기 전에 동물들이 어떤 동작을 했었는지 볼까? (융판에 동물카드와 단어카드를 붙여가면서) 이 동물의 이름은 뭐니? 유아: 펭귄이요. 교사: 펭귄은 어떤 동작을 하고 있니? 여기 카드 중 골라서 누가 한번 붙여볼까? 유아: 저요~~ 교사: 그래, ㅁㅁ친구가 나와서 붙여줄까? (유아가 동물카드 옆에 단어카드를 붙인다.) 큰소리로 읽어볼까요? 유아: Turn my head 교사: 애들아 ㅁㅁ친구가 잘 붙여주었니? 다 같이 동작을 따라 해볼까? ㅁㅁ친구 잘해주었어요. 자 다음, 이번엔 어떤 동물이니? 유아: 기린이요. 교사: 이번엔 어떤 친구가 나와서 알맞은 동작을 붙여줄까? 유아: 저요~ 교사: OO친구 나와서 붙여보자~ 친구들에게 큰소리로 읽어주자 유아: bend my neck 교사: 우리 다 같이 동작도 따라해 보자. 어떤 친구가 잘하나~. (나머지 카드도 해본다.) 교사: 우리 이제 게임을 해볼 건데, 게임을 재밌게 하기 위해서 우리가 지켜야 할 약속이 무엇이 있을까? 유아: 차례를 기다려요. 친구들과 떠들지 않아요. 교사: 그래, 게임을 재밌게 하기 위해서 약속을 잘 지키기로 해요~ 유아: 네! 교사: 그럼 팀 이름은 정해볼까? 책에 나오는 동물 중에 하기로 해요~ (게임을 시작한다). [마무리] 교사: 자 오늘 선생님이랑 게임을 해봤는데 어땠어?

Content	T: Before the game starts, shall we look over the animals' actions? (put the cards on the board) What's the name of this animal? C: A penguin. T: What is penguin dong? Who can come and pick the right card and put it on the board? C: Me~~ T: Okay, □□! Can you come and put the card?? (A child puts the word card next to the animal card) Can you read this loudly? C: Turn my head T: Children! Did □□ put well? Shall we copy this? T: □□ was good. Well, next. What animal is this? C: A giraffe. T: At this time, Who can come and put the action card? C: Me~ T: ○○! Come and put it. Can you read this loudly to the friends? C: Bend my neck T: Let's copy together! Who do this well? (repeat) T: Now, we will start the game. For the funny game, we have a very important promise. Do you know what it is? C: Wait for your turn. Don't make a noise. T: Right. Can you do this for the game? C: Yes! T: Then, shall we make the team name? Let's choose the name from the book. (start the game) **(Ending)** T: Well, How was the game today?

내 용	유아: 재미있었어요. 교사: 어떤 점이 재미있었니? 유아: 두 동작을 동시에 따라하는 게 너무 웃겼어요. 교사: 힘든 점은 없었니? 유아: 두 동작을 동시에 따라 하기 어려운 것도 있었어요. 교사: 그래, 우리 친구들이 재미있게 게임을 해주어서 선생님도 너무 즐거웠어요. 오늘 해봤던 게임은 언어영역에 넣어둘게. 더 해보고 싶은 친구들은 자유선택활동시간에 해보도록 하자.

Content	C: Funny. T: Which was the funniest? C: Copying two actions at the same time. T: Was it hard? C: Yes. It was hard to do two actions at the same time. T: Right. I was so glad that you did the game happily. I'll put this game in the language center. You can do this at your freetime.

활 동 ❺

제 목	동극	생활주제	동물
활동유형	통합적 연결활동-동극	집단크기	소그룹
연 령	만5세	시 간	20~30분
목 표	협동심을 기른다. 자기 역할에 최선을 다한다.		
교육과정 관련요소	표현생활 - 표현 (극놀이로 표현하기) - 간단한 이야기나 상상한 것을 극화해본다. 다양한 방법으로 함께 극놀이를 한다.		
준 비 물	머리띠(동물 얼굴), 대본, CD		
내 용	[도 입] 교사: 우리친구들 그동안 배웠던 동화 내용 기억하니? 유아: 네~ 교사: 오늘은 다시 한 번 동화를 잘 듣고 동극을 해볼 건데, 그러기 위해선 동화를 어떻게 들어야할까? 유아: 떠들지 않아요. 바른 자세로 들어요. 조용히 해야 해요. 교사: 그럼 우리 바른 자세로 들어보도록 하자. (동화를 들려준다.) 교사: 동화에 어떤 친구들이 나왔지? 유아: 펭귄, 악어, 원숭이,...... 교사: 그래요 우리 친구들이 말한 것처럼 ~~~~ 가 나왔어. 이 동화는 어떤 내용일까? 유아: 난 이렇게 할 수 있는데 넌 이거 할 수 있냐~ 할 수 있어래요. 교사: 맞아~. 처음에 어떤 친구가 나왔니? 유아: 펭귄이요 교사: 그래. 펭귄이 뭐라고 했어? 유아: I am a penguin and I turn my head. Can you do it? 교사: 그리고는 어떤 아이가 나와서 뭐라고 했어? 유아: I Can do it 이라면서 따라했어요. (기린, 들소 원숭이 등 다른 등장하는 동물들의 이야기도 회상해 본다.)		

Activity ❺

<table>
<tr><td>Heading</td><td>Role Play</td><td>Theme</td><td>Animal</td></tr>
<tr><td>Type of Activity</td><td>Integrated Activity-Role Play</td><td>Group Size</td><td>15</td></tr>
<tr><td>Age</td><td>5yrs.</td><td>Time</td><td>20~30mins.</td></tr>
<tr><td>Goal</td><td colspan="3">Learning Partnership.
Do the Best for Their Role</td></tr>
<tr><td>Factor of Curriculum</td><td colspan="3">Expression Activity - Expression (express through the role play) - Dramatize the Simple Story or Imaginations. Role Play in Various Ways.</td></tr>
<tr><td>Requirement</td><td colspan="3">Hairband (animal faces), Script, Cd</td></tr>
<tr><td>Content</td><td colspan="3">(Introduction)
T: Children! Do you remember the story that we learned?
C: Yes~
T: Today, we'll listen to the story again and let's do the role play.
Do you know how we listen to the story?
C: Don't make a noise, listen carefully, be quiet.
T: Okay. Let's listen carefully.
(listen to the tape)
T: What kind of animals came in the story.
C: Penguin, alligator, monkey.......
T: Right. There were many animals as you said.
What is the story like?
C: In the story, It said you can do it like this, and can you do that?
T: Right. what animal comes first?
C: A Penguin
T: Right. What did penguin say?
C: I am a penguin and I turn my head. Can you do it?
T: And then, what did a child say?
C: He said. I Can do it.
(repeat asking about other animals)</td></tr>
</table>

<table>
<tr><td>내 용</td><td>

[전 개]
교사: 우리친구들 모두 잘 기억하고 있구나.
그럼 이제 동극을 해볼 건데, 선생님이 동화에 나오는 주인공 머리띠를 준비해왔어. 고개를 돌릴 수 있다고 말한 펭귄은 누가 해볼까?
(역할을 정한다.)
교사: 그럼 동극을 하지 않는 친구들은 어떻게 하면 좋을까?
유아: 조용히 해요. 바른 자세로 봐요.
교사: 그래. 동극 하는 친구들 역시 조용히 하고, 자기 차례가 되면 나와서 하도록 해야겠지? 우리가 말한 약속들을 잘 지켜서 즐거운 동극을 해볼 수 있도록 하자!
유아: 네
교사: 그럼 동극 할 친구들은 앞으로 나와 볼까?
(목걸이를 나눠준다. 등장하는 순서대로 줄을 설 수 있도록 해준다.)
교사: 자 이제 자기소개를 해볼까? 인사하고 무슨 역할을 맡은 누구인지 친구들에게 알려주도록 하자.
유아: 저는 펭귄을 맡은 OOO입니다.
저는 기린을 맡은 ☆☆☆입니다.
(모두 소개를 한다.)
교사: 자! 그럼 지금부터 OO반의 동극 “From Head to Toe”를 시작하겠습니다.
(동극을 한다.)
교사: 자 인사하고 우리 수고한 친구들에게 박수쳐 주자.
(아이들과 평가를 한다.)

[마무리]
교사: 그리고 못해본 친구들은 역할영역에 놓아둘 테니 자유 시간에 해보도록 하자.

</td></tr>
</table>

Content	**(Development)** T: Good. you remember all very well. Now, we'll do a role play. I brought necklaces of animals. Who wants to be a penguin saying I can turn my head? (make roles) T: Now. What would you do who don't do the role play? C: Be quiet and watch carefully. T: Good. Also players should be quiet and waite for the turn. Do you remember the promise? Let's do the role play now. And let's do our best. C: Yes. T: Now can you come here who wants to play? (hand hairband out) (help them to line up following the order) T: Can you introduce yourself? You bow and say your role to your friends. C: My role is a penguin. My name is ○○○. My name is ☆☆☆. I'm a giraffe. (finish introduction) T: Now. We will begin the role play of the class oo. **"From Head to Toe"** (do the role play) T: Okay, children! bow! Let's give our players a big hand! (assess the role play with children) **(Ending)** T: I'll put these in the role play area, enjoy yourself.

활 동 ❻

제 목	내용 익히기	생활주제	동물
활동유형	나눠 읽기, 유창하게 읽기	집단크기	소그룹
연 령	만 5세	시 간	10분
목 표	유창하게 읽어본다.		
교육과정 관련요소	언어활동		
준 비 물	동화책, 카세트 테이프		
내 용	[도 입] 교사: 애들아 저번시간에 선생님이 들려준 동화책 기억하니? 오늘은 선생님이랑 큰소리로 동화책을 다 같이 읽어볼 거야. 선생님이 한 번 더 테이프를 들려줄게~ (테이프를 들려준다.) [전 개] 교사: 잘 들어보았니? 이번엔 너희들과 선생님이 나눠서 읽어 볼 건데, 선생님이 동물들을 하면 너희들이 이 아이들이 하는 말을 읽어 볼 거야. 잘 할 수 있겠니? 유아: 네 ~ 교사: I am a penguin and I turn my head!! can you do it? 유아: I can do it! (끝까지 읽어본다.) 교사: 이번엔 바꿔서 해볼까? (바꿔서 읽어본다.) 교사: 와~ 우리 친구들 잘 읽어주었어. 이번엔 선생님이랑 같이 동화책을 읽어보자. (같이 읽어본다.) 교사: 오늘은 선생님이랑 동화책을 읽어봤는데, 선생님이 생각했던 것 보다 너희들이 너무 잘 읽어주어서 너무 기뻤어.		

Activity ❻

<table>
<tr><td>Heading</td><td>Acquainting Story</td><td>Theme</td><td>Animal</td></tr>
<tr><td>Type of Activity</td><td>Shared Reading. Fluency</td><td>Group Size</td><td>15</td></tr>
<tr><td>Age</td><td>5yrs.</td><td>Time</td><td>10mins.</td></tr>
<tr><td>Goal</td><td colspan="3">Read Fluently</td></tr>
<tr><td>Factor of Curriculum</td><td colspan="3">Language Activity</td></tr>
<tr><td>Requirement</td><td colspan="3">Book. Cassette Tape</td></tr>
<tr><td>Content</td><td colspan="3">(Introduction)
T: Children! Do you remember the story that I read?
Today, we will read the story together loudly.
I'll let you listen to the tape again.
(listen to the tape)

(Development)
T: Did you listen well? At this time, we will share reading.
I'll read the animals' saying and you do children's saying.
Okay?
Can you do it well?
C: Yes.
T: I am a penguin and I turn my head!! can you do it?
C: I can do it!
(read to the end)
T: Now let's switch the role.
(read it again)
T: Good job! children!
Now, let's read the story together.
(read it together to the end)
T: You all did very well. I'm so glad. You are great readers!</td></tr>
</table>

내 용	이번엔 선생님이 노래를 틀어줄게. 남자친구들은 따라 불러보고 여자 친구들은 동물의 동작을 해보도록 해. (바꿔서도 해본 다음 다 같이 해본다.) **[마무리]** 교사: 우리 친구들 오늘 노래도 해보면서 동작을 따라 해봤는데 재미있었니? 유아: 동물들 흉내내는 것이 재미있었어요. 교사: 우리 친구들이 재밌게 해주어서 선생님도 너무 즐거웠어. 화장실 다녀오세요.

Content	At this time, boy children sing the song and girl children act animals' motion while I play the tape. (switch the role and do this together to the end) **(Ending)** T: Did you have a fun, children? What was the funniest thing? C: Mimic animals. T: I was so happy that children did this happily. Go to the restroom.

Reading Pictures-From Head to Toe

책 표지를 보고	T: What do you see in this cover? C: A gorilla. T: Right, this is a gorilla.

펭귄이 고개를 돌린 장면	T: What do you see in this picture ? C: A penguin. T: What's a penguin doing now? C: Turning his head. T: Yes. penguin is turning his head.

기린이 목을 구부린 장면	T: What do you see in this picture ? C: A giraffe. T: What is the giraffe's color? C: Yellow T: Yes, giraffe's color is yellow.

원숭이가 팔을 구부린 장면	T: What do you see in this picture ? C: A monkey. T: Wow, we can see a monkey! Monkey is waving his arms. right? C: Yes.

들소가 있는 장면	T: What do you see in this picture ? C: A buffalo T: Right, this is a buffalo. What is the buffalo's color? C: Brown T: Right

바다표범이 있는 장면	T: What do you see in this picture ? C: A seal. T: What is the seal's color? C: Blue T: Right, seal's color is blue.

고릴라가 있는 장면	T: What do you see in this picture ? C: A gorilla. T: We saw this gorilla, right? C: Yes. T: Where did we see this gorilla? C: Book's cover.

고양이가 있는 장면	T: What do you see in this picture ? C: A cat. T: What is the cat's color? C: Cat's color is blue. T: Right, Cat's color is blue.

악어가 있는 장면	T: What do you see in this picture ? C: A crocodile T: Wow, how is the crocodile? C: Violent T: I think so.

낙타가 있는 장면	T: What do you see in this picture ? C: A camel T: What is the camel's color? C: Brown T: Right, camel's color is brown?

말이 있는 장면	T: What do you see in this picture ? C: A donkey T: How does donkey cry? C: (__________) T: Very good!

코끼리가 있는 장면	T: What do you see in this picture ? C: An elephant. T: Wow, elephant is big! and how is a trunk? C: Long! T: Right.

제 목	Bear About Town	
저 자	Stella Blackstone	
삽 화 가	Debbie Harter	
출 판 사	Barefoot Books	
주 제	이야기 나누기	
대상연령	5~7세	
내 용	Bears go to town every day. He likes to walk all the way. On Monday, he goes to bakery. On Tuesday, he goes for a swim. On Wednesday, he watches a film. On Thursday, he visit the gym. On Friday, he goes to the toyshop. On Saturday, he strolls through the park. On Sunday, he goes to the playground. And plays with his friends until dark.	
작 가	stella Blackstone은 음악을 좋아하고 노래에 담긴 가사 즐기기를 좋아한다. 이 책은 라임으로 되어있고, 묻고 답하는 형식으로 리듬감 있게 읽을 수 있다. 대표작으로는 Bear about Town, Bear at Home, Bear in a Square Bear in Sunshine 등이 있다.	
활 용	* 이야기 나누기 (장소 익히기) * 유창하게 읽기 * 음소 익히기-끝소리 * 미니북 만들기 * 게임활동 * 그림 그리기	

활동내용

1. 장소 – 물건 연결하기
2. 책 읽기
3. 내가 가고 싶은 곳은?(언어)
4. 문해 활동 – 끝소리(–ay)
5. 곰의 하루(게임)
6. 유창하게 읽기

활동 1자료

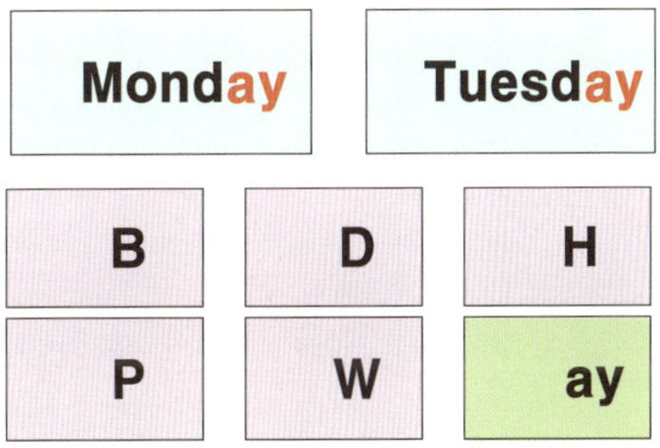

활동 4자료

활동 5자료

활동 4자료

활 동 ❶

제 목	장소-물건 연결하기	생활주제	지역사회
활동유형	연결하기	집단크기	20명(대그룹)
연 령	5세	시 간	15분
목 표	• 그림책에 관심을 가진다. • 장소에 대해 학습한다.		
교육과정 관련요소	언어생활, 사회생활		
준 비 물	그림카드		
내 용	[도 입] (상자를 유아들에게 보여준다) 교사: 애들아, 이 상자 안에 무엇이 있을까? 유아: 음식/ 선물/ 카드/ 모르겠어요 . 교사: 많은 생각들을 하고 있구나. 내가 꺼내볼게. 함께 보도록 하자. (카드를 꺼내서 융판에 붙인다) 교사: 이것이 무엇일까? 유아: 빵!/ 카드 교사: 그래, 이것은 빵 그림이야. 빵 그림 카드가 이 상자 안에 있었구나. 다른 카드도 있단다. 누가 카드를 꺼내보겠니? 유아: 저요! 교사: 누가 조용히, 얌전하게 앉아있나? (유아에게 카드를 꺼낼 기회를 준다. 꺼낸 카드를 읽고 융판에 붙이도록 한다) [전 개] (유아가 융판을 보도록 한다) 교사: 카드에서 꺼낸 카드들을 보자. 어떤 것들이 있었니? 유아: 빵/ 수영복/ 장난감/ 운동기구 교사: 너희들이 말한 것처럼 많은 것들이 있었어. 선생님이 다른 카드를 또 준비했어. (카드를 보여주면서) 이것이 무엇일까?		

Activity ❶

<table>
<tr><td>Heading</td><td>Places-Object Matching</td><td>Theme</td><td>Social Community</td></tr>
<tr><td>Type of Activity</td><td>Matching</td><td>Group Size</td><td>20</td></tr>
<tr><td>Age</td><td>5yrs.</td><td>Time</td><td>15mins.</td></tr>
<tr><td>Goal</td><td colspan="3">• Having interest on picture book.
• Learning the places.</td></tr>
<tr><td>Factor of Curriculum</td><td colspan="3">Language Art, Social Life</td></tr>
<tr><td>Requirement</td><td colspan="3">Picture Cards</td></tr>
<tr><td>Content</td><td colspan="3">(Introduction)
(show the box to students)
T: Everyone. Guess. What are there in this box?
C: Foods, gifts and cards? I don't know.
T: You have lots of ideas. I will take out. Let's see.
(take out the card and put it on the board.)
T: What is this?
C: Bread!
T: Right! This is bread. The bread picture card was in this box. The other cards are in this box. Who wants to take out the card?
C: Me!
T: Who is not making noise and sit politely?
(give them a chance to take out a card, read the card and put it on the board)

(Development)
(let the students see the board)
T: Let's see the cards taking out of the box? What are they?
C: Bread, swimming suit, toy and health instrument.
T: As you said, there are many things. I prepared other cards. (show the card) What is this?</td></tr>
</table>

내 용	유아: 빵가게 교사: 그래, 여기는 빵가게야. 그럼 이것은 무엇일까? 유아: 수영장. (나머지 카드들도 보여준다) 교사: 잘했어! 이제, 카드를 짝지어 보자. (빵가게 카드를 가리키면서) 이 카드와 짝이 될 수 있는 카드는 어떤 것일까? 유아: 빵. 교사: 그래, 누가 직접 짝지어 붙여볼까? 유아: 저요! 교사: ○○, 이리 나와서 해보자. 여러분, 이 친구가 한 것이 맞았니? 유아: 네. 교사: 그래, 잘했어. (박수를 친다) 네 자리로 들어가 앉도록 하자. (다른 유아에게도 기회를 준다) 교사: 융판을 보고 그림카드를 읽어보자. 교사/유아: 빵가게-빵/수영장-수영복 [마무리] 교사: 카드 짝짓기 활동을 해 보았어. 어땠니? 유아: 재미있어요! 교사: 그래, 카드 짝짓기를 직접 해 보지 못한 친구들이 있어. 선생님이 이 자료들을 언어영역에 놓아둘 거야. 자유놀이시간에 해보도록 하자. 다음 시간은 자유놀이 시간이야. 이름을 불러주면 놀이하러 가자. 유아: 네.

<table>
<tr><td>Content</td><td>C: A bakery
T: Right. This is the bakery. And what is this?
C: A pool. A swimming pool.
(show the rest of cards)
T: Good job! Now let's match the cards.
T: (pointing the bakery card) Which card is matched with this card?
C: A bread.
T: Excellent! Who wants to match the card?
C: Me!
T: ○○, Come out here and try it.
Everyone! Is it right?
C: Yes.
T: Okay, Good job. (clap) Go back to your seat.
(give a chance to other students)
T: Let's see the board and read the picture cards.
T/C: Bakery-bread/ swim-swimsuit

(Ending)
T: We had chances to match cards. How was it?
C: Fun!
T: Okay, There are some students not having a chance to match cards. I will put these cards in the language art center. You can try it at your free time. Next, we are having free playing time. I'll call a name, then you can go to play.
C : Yes</td></tr>
</table>

활 동 ❷

<table>
<tr><td>제 목</td><td>책 읽기</td><td>생활주제</td><td>지역사회</td></tr>
<tr><td>활동유형</td><td>문해활동 - 그림읽기</td><td>집단크기</td><td>10명(소집단)</td></tr>
<tr><td>연 령</td><td>5세</td><td>시 간</td><td>20분</td></tr>
<tr><td>목 표</td><td colspan="3">• 그림책에 관심을 갖는다.
• 장소에 관해 학습한다.</td></tr>
<tr><td>교육과정
관련요소</td><td colspan="3">언어생활</td></tr>
<tr><td>준 비 물</td><td colspan="3">책</td></tr>
<tr><td>내 용</td><td colspan="3">[도 입]
교사: 지난시간에 무엇을 배웠었는지 곰돌이의 마을에는 어떤 장소들이 있었니?
유아: 빵집/ 체육관/ 수영장/ 장난감 가게
교사: 그래, 잘했어!

[전 개]
교사: 이제, 오늘은 책을 읽을 거야. 우리가 보았던 장소들이 전부이 책에 나온단다.
(그림읽기를 참고하여 한 장씩 책을 읽는다)

[마무리]
교사: 여기 나온 여러 장소 중에서 가고 싶은 곳이 있니? 어디를 가고 싶니?
유아: 빵집/ 체육관/ 수영장/ 장난감 가게
교사: 그랬구나.
자 이제, 점심을 먹을 시간이야. 선생님이 이름을 불러주면 화장실에 가서 손을 씻고 오도록 해.
유아 : 네.</td></tr>
</table>

Activity ❷

<table>
<tr><td>Heading</td><td>Reading Book</td><td>Theme</td><td>Social Community</td></tr>
<tr><td>Type of Activity</td><td>Literacy-Reading Pictures</td><td>Group Size</td><td>10</td></tr>
<tr><td>Age</td><td>5yrs.</td><td>Time</td><td>20mins.</td></tr>
<tr><td>Goal</td><td colspan="3">• Having interest on picture book.
• Learning the places.</td></tr>
<tr><td>Factor of Curriculum</td><td colspan="3">Language Art</td></tr>
<tr><td>Requirement</td><td colspan="3">Book</td></tr>
<tr><td>Content</td><td colspan="3">(Introduction)
T: Let's review the last class. What are the places in bear's town?
C: bakery/ gym/ swimming pool/ toyshop
T: Good job!

(Development)
T: Now, we will read the book. All the places we saw in the cards are in this book.
(read the book page by page)

(refer to “reading pictures”)

(Ending)
T: Where do you want to go among these places?
C: bakery/ gym/ swimming pool/toyshop
T: Good!
Now, we'll have a lunch time. Go to the bathroom and wash your hands while I call your name.
C: Okay.</td></tr>
</table>

활 동 ❸

<table>
<tr><td>제 목</td><td>내가 가고 싶은 곳은?</td><td>생활주제</td><td>지역사회</td></tr>
<tr><td>활동유형</td><td>문해활동 - 이야기 순서</td><td>집단크기</td><td>20명</td></tr>
<tr><td>연 령</td><td>5세</td><td>시 간</td><td>20분</td></tr>
<tr><td>목 표</td><td colspan="3">• 장소이름, 요일 이름 알기
• 요일 이름 앞에 'on'이 온다는 것을 안다.
• 이야기 이해하기</td></tr>
<tr><td>교육과정 관련요소</td><td colspan="3">언어생활</td></tr>
<tr><td>준 비 물</td><td colspan="3">글자카드(On, _onday, _uesday, _ednesday) 장소그림, 잡지, 학습지</td></tr>
<tr><td>내 용</td><td colspan="3">[도 입]
(책을 보여준다)
교사: 얘들아, 너희들 이 책을 기억하니?
유아: 네
교사: 누가 이 책에 나왔지?
유아: 곰
교사: 그래, 곰이 이 책에 나왔어. 곰이 아주 많은 장소들을 갔었는데, 어느 곳을 갔었는지 이야기해보자.
유아: 빵가게/ 장난감 가게
교사: 그래, 맞았어! 모두들 잘 기억하고 있구나. 이제, 우리 함께 책을 읽고 곰이 매일 어디를 갔었는지 알아보자.
유아: 네

[전 개]
(요일 카드를 붙이며 책을 읽는다)
교사: (월요일 카드를 붙이며)월요일에 곰은 어디를 갔니?
유아: 빵가게
교사: 맞았어, '월요일에 곰은 빵가게에 갔어요'
(화요일 카드를 붙이며) 화요일에 곰은 어디를 갔니?
유아: 수영장</td></tr>
</table>

Activity ❸

Heading	Place Where I Want To Go	Theme	Social Community
Type of Activity	Literacy-Story Order	Group Size	20
Age	5yrs.	Time	20mins.
Goal	• Learning the names of places and days. • Comprehense the story		
Factor of Curriculum	language art		
Requirement	Word Cards (On, _onday, _uesday, _ednesday), Picture of Places, Magazine, Worksheet		
Content	**(Introduction)** (show the book) T: Everyone! Do you remember this book? C: Yes T: who has been in this book? C: Bear T: Right, bear has been in this book. Bear went to many places. Where are the places that bear went to? C: bakery/ toyshop T: Excellent! Everyone can remember all. Now, we will read the book again and let's find out where the bear goes every day. C: Yes **(Development)** (put the day cards and read the book) T: (On Monday) Where did the bear go on Monday? C: Bakery T: Right, On Monday, bear went to a bakery. (On Tuesday) Where did the bear go on Tuesday? C: Swimming pool		

<table>
<tr><td>내 용</td><td>교사: 그래! ‘화요일에 곰은 수영장에 갔어요’ 그리고 수요일엔?
유아: 영화관.
교사: 그래. ‘수요일에 곰은 영화관에 갔어요’ 목요일엔?
유아: 체육관
교사: 그래, 체육관에 갔지. ‘목요일에 곰은 체육관에 갔어요’ 금요일엔?
유아: 장난감 가게
교사: 그래. 장난감 가게. ‘금요일에 곰은 장난감 가게에 갔어요’ 토요일엔?
유아: 공원
교사: 그래. ‘토요일에 곰은 장난감 가게에 갔어요’ 일요일엔?
유아: 놀이터
교사: 그래! ‘일요일에 곰은 놀이터에 갔어요’
(카드를 가리키면서) 이것들 좀 보자.
요일 이름 앞에 무엇이 왔니?
유아: “On”
교사: 그래. “On”이 요일 이름 앞에 있어.
자, 이제 우리는 곰이 월요일에 빵가게에 가고 화요일에 수영장에 간다는 것을 알았어. 너희들도 가고 싶은 곳이 있니? 학습지를 해보자. 할 수 있겠니?
유아: 네, 할 수 있어요.
교사: 그래, Okay, 그러면 분단별로 책상에 앉아보자. 조용히 하고 있는 분단부터 종이를 나누어 줄거야. 선생님이 ‘준비’라고 말할 때까지 종이를 만지면 안돼. 알겠니?
유아: 네!
교사: 선생님이 장소가 나오는 잡지와 그림들을 가져왔어.
분단 반장이 앞으로 나와서 자기 분단 학습지를 받아가도록 하자.
교사: 이제, 활동지를 나누어 줄 거야. 자기가 가고 싶은 장소 그림을 오려서 풀로 붙여보는 거야.(활동지를 나누어 준다)
자, ‘준비 시작!’
(완성된 활동지를 바구니에 모은다).</td></tr>
</table>

content	T: Good! The bear went to a swimming pool on Tuesday. And on Wednesday? C: A movie theater. T: Yes. The bear went to a film on Wednesday. On Thursday? C: A gym. T: Right, Gym. The bear went to a gym on Thursday. On Friday? C: A toyshop T: Good. Toyshop. The bear went to a toyshop on Friday. On Saturday? C: A park T: Good. The bear went to a park on Saturday. On Sunday? C: A playground T: Right! The bear went to a playground on Sunday. (pointing to the cards) Look at these. What comes in front of the day name? C: "On" T: Good. "On" is in front of the day name. Now, we know bear goes to bakery on Monday and goes to the pool on Tuesday. Do you have any places that you want to go? Let's do worksheet. Can you do it? C: Yes, I can. T: Okay, then go to your group and sit. I'll give you worksheet from the group being quiet. Don't touch the paper until I say "ready", Can you do it? C: Yes! T: I brought some magazines and pictures having places. Leaders! Come to the front and take your group' sheets.. T: Now, I'll give you worksheets. Cut the places you want to go and use the glue to stick. (pass the worksheets) Now, ready, set, go. (gather the completed sheets in the basket).

내 용	**[마무리]** 교사: 활동이 어땠니? 유아: 재미있어요. 교사: 활동지를 보도록 하자. 이것은 누가 한 걸까? 이것은 OOO가 한 것이구나. 이리 나와 보자. 네 가 한 활동지를 친구들에게 보여주고 설명해보자. 교사: 활동지를 보도록 하자. 이것은 누가 한 걸까? 이것은 OOO가 한 것이구나. 이리 나와 보자. 네 가 한 활동지를 친구들에게 보여주고 설명해보자. 유아: '나는 월요일에 공원에 갔어요' '나는 화요일에 슈퍼마켓에 갔어요' 교사: 잘했어! (또 한 장의 활동지를 꺼내면서) 누가 한 것이니? 이번 것은♡♡♡이 했구나. 이리 나와 보자. 네 활동지를 친구들에게 보여주고 이야기 해보자. (유아가 발표할 시간을 준다) 교사: 잘했어.(서 너 명의 유아에게 반복한다)

<table>
<tr><td>Content</td><td>(Ending)
T: How was the activity?
C: Fun
T: Let's see the worksheets.
T: Who did this? It is by ○○○. Come here. Show your work paper to the class and explain your paper.
C: I went to the park on Monday.
I went to the supermarket on Tuesday.
T: Excellent! who did this? This is by ♡♡♡. Come here. Show your work paper to the class and explain your paper.
C: (give time to explain)
T : Good job. (repeat several times)</td></tr>
</table>

활 동 ❹

<table>
<tr><td>제 목</td><td>파닉스</td><td>생활주제</td><td>지역사회</td></tr>
<tr><td>활동유형</td><td>문해활동 - 끝소리</td><td>집단크기</td><td>15명(소그룹)</td></tr>
<tr><td>연 령</td><td>5세</td><td>시 간</td><td>15분</td></tr>
<tr><td>목 표</td><td colspan="3">• -ay 단어 배우기
• 요일 이름 익히기</td></tr>
<tr><td>교육과정 관련요소</td><td colspan="3">언어생활</td></tr>
<tr><td>준 비 물</td><td colspan="3">요일카드, AY 카드, 알파벳 카드(P, D, B, H, W)</td></tr>
<tr><td>내 용</td><td colspan="3">[도 입]
교사: 오늘은 무슨 요일일까?
유아: 월요일
교사: 맞았어(요일카드를 융판에 붙이면서 읽는다) 함께 읽어보자.
유아: 화요일, 수요일, 목요일, 금요일, 토요일, 일요일
교사: 요일 이름에 다른 색깔이 있네.
같이 읽어보자. 알파벳 A 와 Y.
AY의 소리는 [ei]. 함께 읽어보자. [ei]
유아: [ei]
교사: 알파벳 'd'의 소리는 어떻게 내니?
유아: [d]
교사: 맞았어. D 는 [d].[d]. 소리를 내. D, A, Y는 [d] [ei], [d] [ei], [dei]. 합해서 같이 읽어보자. [d] [ei] [d] [ei], [dei]

[전 개]
교사: 여기 다른 글자도 있네. 먼저 이것은 무슨 글자니?
('p' 카드를 융판에 붙이면서 보여준다)
유아: p
교사: 그래, 알파벳 글자 'p'는 어떤 소리를 내지?
유아: [p]</td></tr>
</table>

Activity ❹

<table>
<tr><td>Heading</td><td>Phonics</td><td>Theme</td><td>Animal</td></tr>
<tr><td>Type of Activity</td><td>Literacy - Ending Letter</td><td>Group Size</td><td>15</td></tr>
<tr><td>Age</td><td>5yrs</td><td>Time</td><td>15mins.</td></tr>
<tr><td>Goal</td><td colspan="3">• Learning the -ay words
• Learning a day of the week.</td></tr>
<tr><td>Factor of Curriculum</td><td colspan="3">Language Art</td></tr>
<tr><td>Requirement</td><td colspan="3">Cards of Days of Week, AY Card, Alphabet Cards(P, D, B, H, W)</td></tr>
<tr><td>Content</td><td colspan="3">(Introduction)
T: What day is it today?
C: Monday
T: Right (put the day cards on the board and read) Let's read together.
C: Tuesday, Wednesday, Thursday, Friday
T: There are different colors in all days' name.
Read together. the letter A and Y.
The sound of AY is [ei]. Together. [ei]
C: [ei]
T: What is the sound of alphabet letter ‘d’?
C: [d]
T: Right. Letter D sounds [d].[d]. D A Y sounds [d] [ei], [d] [ei], [dei]. Speak together everyone. [d] [ei] [d] [ei], [dei]

(Development)
T: Here are some other letters. First, what is this?
(show the ‘p’ card and put it on the board)
C: p
T: Right. What is the sound of alphabet letter ‘p’?
C: [p]</td></tr>
</table>

내 용	교사: 그래. 'p'는 [p], [p]. 생각해보자. 'p' 와 'ay'는 어떤 소리가 날까? 유아: [pei] 교사: 잘했어! [p] [ei] [p ei] [pei] 모두들, 같이 읽어보자. 유아: [pei], [pei], [pei] 교사: 여기보자. 이것은 무엇일까? 유아: 'h' 교사: 그래, 이 알파벳은 'h'야. 'h'는 어떤 소리를 내니? 유아: [h] 교사: 그래, 'h' 의 소리는 [h] [h]. 생각해보자. 그러면 'h'와 'ay'는 어떤 소리일까? 유아: [hei] 교사: 그렇지! [h] [ei] [h ei] [hei] 모두, 함께 읽어보자. [hei], [hei], [hei] hay (그림카드를 보여준다) hay, day 그리고 pay의 차이는 무엇일까? 유아: 첫 글자가 달라요. 교사: 그래, 첫글자가 다르구나. day와 hay에 똑같은 글자가 있어. 'a', 'ay' 가 들어있는 또 다른 글자 카드를 보도록 하자. 유아: 네 ('ay'가 들어간 글자카드를 보여준다) 교사: 이 단어들에 모두 들어간 글자가 무엇이니? 유아: ay 교사: 그래, 누가 나와서 손으로 가리켜볼까? 유아: 저요. (앞으로 나와 손가락으로 지적한다.) 이거요 교사: 그래요, 잘 했어. 이 단어들은 모두 뒤에 -ay 끝소리를 갖고 있어. 우리 모두 함께 글자들을 읽어보도록 하자. day, way, hay, bay, pay (유아와 2번 반복하여 본다) 교사: (ay카드와 알파벳 카드를 부쳐놓는다) 선생님이 융판에 여러 가지의 글자 카드를 부쳐놓았어. 글자 카드를 가지고 무엇을 할 수 있을까?

<table>
<tr><td>Content</td><td>T: Good. ‘p’ sounds [p] [p].
Let's think. What is the sound of ‘p’ and ‘ay’?
C: [pei]
T: Excellent! [p] [ei] [p ei] [pei]
Everyone, speak together.
C: [pei], [pei], [pei]
T: Let's see. What is this?
C: ‘h’
T: Right. This alphabet is ‘h’. What is the sound of ‘h’?
C: [h]
T: Right, ‘h’ sounds [h] [h].
T: Let's think. What is the sound of ‘h’ and ‘ay’?
C: [hei]
T: Excellent! [h] [ei] [h ei] [hei] Everyone, speak together.
C: [hei], [hei], [hei] hay (show the picture card)
What are differences hay, day and pay?
C: The first letters are different.
T: Right, the first letters are different.
There are same letters in day and hay. Let's look at the different picture cards having ‘ay’.
C: Yes
(show them picture cards having ‘ay’)
T: What letter is in every words?
C: [ay]
T: Right, Who can come and point to it?
C: Me! (let her do it) Here it is!
T: Very good. As you see, these words have ‘ay’ for their ending. Let's read all these letters together.
day, way, hay, bay, pay
(let them read twice.)
T: (put cards of ‘ay’ and alphabet on the flannel board)
Can you look at these cards here?
What could we do with these cards?</td></tr>
</table>

내 용	유아: 글자를 찾아요. 교사: 그래, 글자를 찾아보는 거야, 선생님이 그림을 보여줄테니, 이 그림에 맞는 글자를 찾아보도록 해. (그림카드를 보여주며 유아가 ay에 들어가는 글자를 찾도록 한다) 친구들 우리 친구가 찾은 글자가 맞니? 유아: 네 (몇 명의 유아를 더 시켜본다) [마무리] 교사: 우리 친구들 오늘 글자 찾는 활동 어땠어? 유아: 재미있었어요. 교사: 어려운 점은 없었니? 유아: 글자가 헛갈렸어요. 교사: 글자가 헛갈렸구나. 그래요 우리 친구들 너무 잘해 주었어. 그럼 뒷줄부터 차례로 손 씻고 와서 도시락 준비하도록 해요. 유아: 네

<table>
<tr><td>Content</td><td>C: Finding letters.
T: Right. Finding letters. As I show the picture, you could find the right letter.
(show them and let them find)
T: Children! Did your friend well?
C: Yes!
(let them do more)

(Ending)
T: How was the game today?
C: Funny
T: Anything hard?
C: The letter was confused.
T: Aha! But you did very well.
Go and wash your hands from the back seat. Get ready to eat your lunch box.
C: Yes!</td></tr>
</table>

활 동 ❺

제 목	곰의 하루	생활주제	지역사회
활동유형	게임	집단크기	20명
연 령	만5세	시 간	15분
목 표	이야기 이해하기		
교육과정 관련요소	언어생활		
준 비 물	주사위, 게임판 , 날짜판 장소카드		
내 용	[도 입] 교사: 우리가 지난 시간에 무엇을 했는지 기억나니? 유아: 네~ 교사: 어떤 이야기였니? 유아: 곰이 여러 곳을 가는 거요. 교사: 너희들 모두 잘 기억하고 있구나. 곰이 여러 곳을 갔어. 그런데, 이 책의 제목이 뭐였는지 기억나니? 유아: Bear about town 교사: 그래, 맞았어. 잘 알고 있구나. 이제 선생님이 질문을 할 거야. 너희들이 대답을 해봐. 화요일에 곰이 어디를 갔니? 유아: 몰라요 / 수영장 / 장난감 가게 교사: 어떤 사람은 잘 기억하고 있고, 어떤 사람은 기억하지 못하는구나. 책을 다시 한 번 보도록 하자. [전 개] 교사: 곰이 월요일에 어디를 갔니? 유아: 빵가게 교사: 그래, 곰이 월요일에 빵가게에 갔어. 화요일엔 어땠지? 유아: 수영장 교사: 그래, 곰이 화요일에 수영장에 갔어. 수요일에는? (같은 방식으로 모든 요일에 대해 확인한다.) 교사: 이제, 잘 기억할 수 있겠니? 유아: 네			

Activity ❺

<table>
<tr><td>Heading</td><td>A Day of Bear</td><td>Theme</td><td>Social Community</td></tr>
<tr><td>Type of Activity</td><td>Game</td><td>Group Size</td><td>20</td></tr>
<tr><td>Age</td><td>5yrs.</td><td>Time</td><td>15mins.</td></tr>
<tr><td>Goal</td><td colspan="3">Comprehend the Story</td></tr>
<tr><td>Factor of Curriculum</td><td colspan="3">Language Art</td></tr>
<tr><td>Requirement</td><td colspan="3">A Die. Game Board, Day Board, Place Cards</td></tr>
<tr><td>Content</td><td colspan="3">(Introduction)
T: Do you remember that we did last time?
C: Yes~
T: What was the story like?
C: Bear goes to everywhere.
T: You all remember well. Bear goes to everywhere. Then do you remember the title of the book?
C: Bear about town
T: Right, You know well. Now, I'll ask some questions. You answer. Where did bear go on Tuesday?
C: I don't know / swim / toyshop
T: Some of you remember well, but some not. Let's look at the book again.

(Development)
T: Where did bear go on Monday?
C: Bakery
T: Right, bear went to bakery on Monday. How about Tuesday?
C: Swim
T: Right, he went to swim on Tuesday. Wednesday?
(check all days of week like the same way)
T: Now, can you remember well?
C: Yes</td></tr>
</table>

<table>
<tr><td>내 용</td><td>교사: 오늘은 게임을 할 거야.(게임 자료를 보여준다) 게임판 위에 어떤 것들이 있니?
유아: 빵가게, 공원
교사: (요일판을 보여주며) 또 뭐가 있니?
유아: 월요일, 화요일, 수요일....
교사: 그래, 판에 여러 장소들과 요일들이 있어. 이것들을 가지고 어떤 게임을 할 수 있을까?
유아: 주사위를 던져요.
교사: 그래, 네 말처럼 주사위를 던진 다음 요일판 위에 장소그림을 붙이는 거야. 너희들이 책 내용을 기억하고 있어. 너희들이 곰이 되어서 카드를 맞는 곳에 붙이면 되는 거야.
유아: 네
교사: 그래, 이 게임의 규칙은 무엇일까?
유아: 순서를 정해요.
교사: 그래, 순서를 정한 다음엔 무엇을 해야 할까?
유아: 주사위를 던져요.
교사: 그래, 그 다음엔?
유아: 카드를 판에 놓아요.
교사: 그래, 주사위에 나온 그림의 카드를 요일 판에 붙이는 거야. 그런데, 붙일 카드가 없으면 어떻게 해야 할까?
유아: 카드를 붙일 수가 없어요.
교사: 그래. 카드를 붙일 수 없어. 그리고 다음 사람의 차례가 되는 거야.
규칙에 따라 게임을 해 보자. 누가 한 번 해 보겠니?
유아: 저요
교사: OOO, △△△! 이리 나와서 게임을 해보자(게임을 할 시간을 준다)
어떻게 하는지 알겠니?
유아: 네

[마무리]
교사: 선생님이 이 자료를 조작영역에 둘거야. 나중에 너희들이 해 볼 수 있단다.
유아: 네</td></tr>
</table>

<table>
<tr><td>Content</td><td>T: Today, we'll have a game. (show the game materials)
What are on the game board?
C: A bakery, a park
T: (show the days board) What else do you see?
C: Monday, Tuesday, Wednesday....
T: Right, There are places and days on the boards
What kind of game can we do with these?
C: Throwing a die.
T: Right, as you say, put the place cards on the day board after you throw a die. You remember the book. You have to be a bear, and put the card on the right place.
C: Yes
T: Okay. What would be a rule of this game?
C: Making turns.
T: Right, after making turns what would you do?
C: Throw a die.
T: Right, and next?
C: Put the card on the board.
T: Right, put the picture card which is in a die on the day board. If there is no card what would you do?
C: We can't put the card.
T: No, we can't put the card. It'll be a next turn.
Let's start the game following the rule. who want to try the game?
C: Me
T: OOO, △△△! Come here and do the game.
Do you understand how?
C: Yes

(Ending)
T: I'll put this on the operation center.
You can do the game later.
C: Yes</td></tr>
</table>

활 동 ❻

제 목	읽어 보아요	생활주제	지역사회
활동유형	유창하게 읽기	집단크기	20명
연 령	만5세	시 간	20분
목 표	Bear about town 내용을 이해 할 수 있다.		
교육과정 관련요소	언어생활영역		
준 비 물	책, 문장카드, 책 내용 배경그림		
내 용	[도 입] 교사: 친구들 우리 지난 시간에 읽었던 동화 기억나니? 유아: 네 교사: 어떤 동화였지? 유아: Bear about town이요 교사: 동화 내용은 기억이 나니? 유아: 네에 ~ 교사: 모두 다 기억하고 있구나 오늘은 CD가 들려주는 동화를 들어볼 거야. 조용히 들어보자. 유아: 네~ (동화를 듣는다) [전 개] 교사: 모두 동화를 잘 들었니? 유아: 네 교사: 동화의 내용도 다 기억났니? 유아: 네 (배경그림과 문장 카드를 보여준다) 교사: 친구들 이 배경에 들어가는 문장은 무엇일까? 유아: Town every day		

Activity ❻

Heading	Reading	Theme	Social Community
Type of Activity	Reading Fluency	Group Size	20
Age	5yrs.	Time	20mins.
Goal	Comprehend the Book "Bear about town."		
Factor of Curriculum	Language Art		
Requirement	Book, Sentence Cards, Picture Cards		
Content	**(Introduction)** T: Children! Do you remember that we read last time? C: Yes! T: What was it? C: Bear about town T: Do you remember the story? C: Yes! T: Good. Everybody remember the story. Today, we will listen to the cd. Can you listen carefully? C: Yes (listen) **(Development)** T: Did you listen well? C: Yes! T: Did you remember the story? C: Yes! (show them picture of background and sentence cards) T: Children! What sentence could be on this background? C: Town every day		

내 용	교사: 맞아, town every day야. 그럼 다음 이 배경에 들어가는 문장은 어떤 것일까? 누가 나와서 이 배경에 맞는 짝을 찾아볼까? 유아 : 저요 교사: 우리 △△가 나와서 배경에 맞는 짝을 찾아보도록 하자. (나머지 배경의 그림도 유아가 짝을 찾을 수 있게 해준다) 교사: 우리 친구들 모두 짝을 잘 찾아 주었어. 그럼 우리 처음 배경부터 읽어 보도록 하자 Bear goes to town every day 유아 : Bear goes to town every day.. (유아와 함께 읽어본다) **[마무리]** 교사: 오늘 우리 동화책을 직접 읽어보았는데 어땠어? 유아: 재미있었어요 교사: 오늘 우리 친구들 너무 잘해 주었어요. 다시 읽어보고 싶은 친구들은 선생님께서 책을 도서영역에 놓아 둘 테니까 자유놀이 시간에 가서 읽어보도록 해. 유아: 네

<table>
<tr><td>Content</td><td>T: Yes, town every day.
Next, What sentence could be on this background?
Who can come here and match?
C: Me!
T: Okay, 00! Come here and match this.
(let them match the other pictures)
T: You all did very well.
Now, let's read all from the beginning.
Bear goes to town every day
C: Bear goes to town every day..
(read together)

(Ending)
T: Today, we read the book. How was it?
C: Fun!
T: You all did good job today. I'll put this book in the library center, whoever wants can read again at your free time.
C: Yes!</td></tr>
</table>

Reading Pictures-Bear about town

곰이 집을 나서는 장면	T: What can you see on this picture? C: A bear! T: What is the bear doing? C: He is going to somewhere. T: Can you guess where he is going? Look at this!

곰이 길거리를 걸어가는 장면	T: The bear is walking, walking on the street. Let's ask the bear! Where are you going, bear? C: Where are you going, bear?

곰이 빵집을 들어가는 장면	T: Wow! There are lots of bread. Where is this? C: Bakery! T: I think he wants to buy some bread. Hum~ I love yummy yummy bread. What will happin next?

곰이 수영장에 있는 모습	T: Splash!!! Where is this? C: Swimming pool. T: Do you like to swim? C: Yes! T: OK. next.

곰이 극장에 들어가는 모습	T: Oh~ How's the weather like in this picture? C: It's rainy. T: There is an angel bear. Can you find the angel bear? C: Yes! On the wall!

	T: What are they doing? C: They're getting in line. T: Good! why are they getting in line? Can you guess where it is?

곰이 운동을 하는 모습	T: Look! The bear is exercising. He is lifting a barbell. Where is the bear? C: In the gym! T: All right. What place comes next?

곰이 장난감 가게에 있는 모습	C: Toy shop! T: Yes! There are lots of toys. What's your favorite toy? C: Train! Doll! Teddy bear! T: Great. Where will the bear go next?

곰이 공원에 가는 모습	C: Park! T: What does the bear have? C: A ball, a teddy bear, a book and a blanket. T: Yes! And then the bear is eating an ice cream cone. I think he wants to rest in the park.

곰이 놀이터에서 노는 모습	C: Playground! T: Right! Some bears are swinging. Others are sliding, playing in the sand box, and playing on the merry-go- round. Have you ever played in the playground? C: Yes!

	T: What do you like best in the play- ground? C: Seesaw! Swing! Slide!

곰이 놀이터에서 친구들과 재미있게 노는 마지막 장면	T: Oh~ the bear is playing on the merry-go-round with his friends until dark. How exciting!

제 목	Dinnertime	
저 자	Ann Weld	
삽 화 가	Kerry Argent	
출 판 사	working title press(호주)	
주 제	수학(셈)	
대상연령	만4세	
내 용	Six fat rabbits, doing what they please, don't see the fox sneak out of the trees. Run, fat rabbits! Run, run, run! Or that fox will eat you, one by one! Five fat rabbits, climbing up to play, don't see the fox hiding in the hay. Run, fat rabbits! Run, run, run! Or that fox will eat you, one by one! Four fat rabbits, leaping all around, don't see the fox jump up from the ground. Run, fat rabbits! Run, run, run! Or that fox will eat you, one by one! Three fat rabbits, away from their burrow, don't see the fox spring up from a furrow. Run, fat rabbit! Run, run, run! Or that fox will eat you, one by one! Two fat rabbits, playing hide and seek, don't see the fox pretending he's asleep. Run, fat rabbits! Run, run, run! Or that fox will eat you, one by one! One fat rabbit, all on its way, out in the dark, a long way from home. Run, fat rabbit! Run, run, run! Or that fox will eat you, little one!	
작 가	"Ann Weld" 는 1960년 호주에서 태어났다. 'ONE WIIKY WOMBAT' 을 시작으로 작가로 활동했다. 1995년 'WOMBAT DIVINE' 등 동화작가인 "Men Fox" 와 다수의 작품을 함께 만들었다.	
활 용	* 사전활동 (동물에 관해 이야기 나누기) * 문해활동(그림읽기) * 문해활동(숫자 익히기) * 문해활동(첫소리 익히기-r,f)) * 통합적 연결활동(동극)	* 문해활동(나눠읽기) * 분류하기 * 조형활동(허수아비 꾸미기) * 주인공의 특징 이야기 해보기 * 이야기 순서 맞추기 * 요리활동(양배추 쌈 만들기)

활동내용

1. 넌 누구니?(사전활동)
2. 문해활동(그림읽기)/게임
3. 숫자 익히기
4. 문해활동-첫 소리(R, F)
5. 동극활동
6. 문해활동- 나눠읽기

활동1 자료

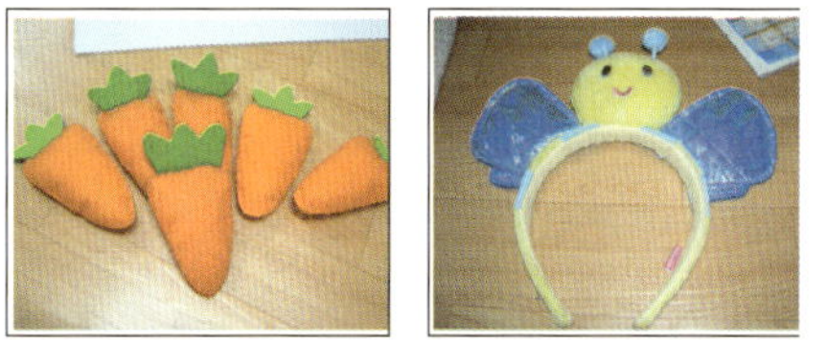

활동2 자료

Six Five Four

fat rabbits,

doing what they please.

활동3 자료

활동4 자료

활 동 ❶

<table>
<tr><td>제 목</td><td>넌 누구니?</td><td>생활주제</td><td>동물</td></tr>
<tr><td>활동유형</td><td>사전활동-이야기나누기</td><td>집단크기</td><td>20명</td></tr>
<tr><td>연 령</td><td>만4세</td><td>시 간</td><td>20분</td></tr>
<tr><td>목 표</td><td colspan="3">• 여러 종류의 동물의 이름과 특징에 대해 알 수 있다.
• 동물들의 특징을 표현해 볼 수 있도록 한다.</td></tr>
<tr><td>교육과정 관련요소</td><td colspan="3">언어영역, 표현영역</td></tr>
<tr><td>준 비 물</td><td colspan="3">동물사진(토끼, 여우, 오리, 양)-부분, 부분 조각 종이로 가린다</td></tr>
<tr><td>내 용</td><td colspan="3">[도 입]
교사: 동물원에 가 본 적이 있니?
유아: 네^^.
교사: 그럼 어떤 동물들을 보았니?
유아: 호랑이/ 여우/ 토끼/ 사자
교사: 그렇구나. 너희들이 정말 여러 종류의 동물들을 보았구나 선생님이 가져온 카드에 동물 그림이 있는데 어떤 동물인지 보자.
유아: 네~

[전 개]
(동물카드는 부분, 부분 나누어 종이로 가린다)
교사: 자 보자. 어떤 동물인가? 어? 그런데 그림이 보이질 않네. 누가 나와서 종이 한 장을 떼어볼까?
유아: 저요.
교사: OO가 나와서 해보자
(유아가 나와서 종이를 열어본다.)
교사: 어떤 그림이 있어?
유아: 흰색이 있어.
교사: 우리 친구들 무슨 그림인지 알 것 같아?
유아: 음.. 잘 모르겠어요.</td></tr>
</table>

Activity ❶

Heading	Who Are You?	Theme	Animal
Type of Activity	Preliminaries(sharing information about animal)	Group Size	20
Age	4yrs.	Time	20mins.
Goal	• Learning names and characters of animal. • Express characters of animal.		
Factor of Curriculum	Language Art, Expression		
Requirement	Animal Pictures(rabbit, fox, duck, sheep); Covered Some Part of Animal		
Content	**(Introduction)** T: Have you been at zoo? C: Yes. T: What animal did you see? C: A tiger, a fox, a rabbit and a lion T: Good. You saw many animals at zoo. I brought some animal cards. Let's look at this. C: Yes. **(Development)** (cover some part of animal) T: Look at this? What animal is this? But there is some part covered. Who can take the paper off? C: Me. T: OO!, Come here and try. (give her some time to take off.) T: What do you see? C: Just white color. T: Can you guess what picture is it? C: Well, I don't know.		

내 용	교사: 그럼 다른 종이도 한 번 열어 볼까? 누가 한 번 해 볼까? 유아: 제가 해볼게요. (유아가 나와서 종이를 열어본다.) 교사: 이번에는 어떤 그림이 있니? 유아: 귀가 두 개 있어요. 교사: 그래, 흰색이고 귀도 두 개가 있네. 이것이 무슨 그림인지 알겠니? 유아: 토끼요~!! 교사: 토끼가 맞을까? 남은 한 장도 열어 보자? 자 어떤 그림이니? 유아: 토끼요 교사: 정말 우리 친구들이 생각한 토끼가 맞구나. 토끼를 만지면 느낌이 어떨까? 유아: 부드러울 것 같아요. 교사: 그럼 토끼는 어떻게 걸어갈까? 누가 한번 토끼의 모습을 친구들에게 보여 줄 수 있니? 유아: 저요~~!!! (유아가 나와서 토끼의 흉내를 내 본다.) 교사: 우리 ☆☆가 토끼의 흉내를 너무 잘 표현해 주었어~ 유아: 맞아요~~~ 교사: 우리 수고한 ☆☆에게 박수 쳐 줄까~~ 다음 동물은 누구일까? 누가 나와서 종이 조각을 떼어볼까? 유아: 저요 교사: 그래 OO가 나와서 한 장만 떼어보자. (유아가 나와서 한 장의 종이를 떼어낸다.) 어떤 동물일까? 유아: 잘 모르겠어요. 교사: 그러면 한 장 더 떼어볼까? 누가 나와서 종이를 떼어 보겠니? 유아: 저요 교사: 그래, OO가 나와서 종이를 떼어내자. (유아가 종이 한 조각을 떼어낸다) 유아: 여우!

Content	T: Then, let's open the picture. Who can come and try? C: Let me do it (give some time to a child) T: Now, what do you see? C: Two ears. T: Right, there are two white ears. What picture is it? C: Rabbit!! T: Is it right? Let's open the last one? What is it? C: A rabbit T: Right, it is a rabbit as you thought. T: How do you feel when you touch the rabbit? C: Soft. T: How does rabbit run? Who can show how the rabbit runs? C: Me~~!!! (give some time to do) T: ☆☆ did very well. Do you think so? C: Yes~~~^^ T: Let's give ☆☆ a big hand. Guess what animal comes next? Who can come and take the paper off? C: Me T: Okay. Come here and take it off. (give some time to do) What animal is it? C : I don't know. T : Let's take one more paper off. Who can come and try? C: Me T: Okay, OO come and try. (give some time to do) C : A fox!

내 용	교사: 여우가 맞을까? 나머지 한 장도 떼어내 보자.(종이를 교사가 떼어낸다) 너희들이 말한 것처럼 여우가 맞구나. 그러면 아주 배고픈 여우를 몸으로 표현해 볼 수 있는 사람 있니? 유아: 저요. 교사: 그래, OOO가 나와서 표현해 보자. (유아에게 표현할 기회를 준다) 얘들아, 어떠니? OOO가 배고픈 여우를 잘 표현했니? 유아: 네, (위와 같은 방법으로 오리, 양을 유아들이 표현 해 본다) [마무리] 교사: 오늘은 토끼, 여우, 오리, 양에 대해 알아보았어요. 다음에 이 동물들이 나오는 동화책을 읽어보도록 하자. 이제 다음 시간은 간식을 먹을 시간이야. 선생님이 이름을 불러주면 화장실에 가서 손을 씻고 오도록 하자. 유아: 네~~

Content	T: Is it a fox right? Let's take one more paper off.(take off the paper) This is a fox as you said. Who can you express very hungry fox? C: Me T: Okay, come here and express. (give some time to do) Children, how was it? Did OOO express a hungry fox well? C: Yes (express all the animals) (Ending) T: We learned about animals. We can read the book about animals later. It's time to have a lunch. Go wash your hand as I call your name. C: Okay~~

활 동 ❷

제 목	토끼에게 무슨 일이 일어났을까?	생활주제	동물
활동유형	문해활동-그림읽기, 연계활동-토끼에게 당근주고 오기(게임)	집단크기	20명
연 령	만4세	시 간	20분
목 표	• 그림책에 대해 관심을 갖는다. • 수에 대해 알 수 있다.		
교육과정 관련요소	언어생활영역, 표현생활영역		
준 비 물	빅북, 동물 그림카드(이야기 나누기 사용한 것), 토끼 머리띠, 당근, 바구니, 점수판		
내 용	[도 입] 교사: 어제 배운 동물 기억나니? 유아: 네~ 교사: 어떤 동물들이 있었지요? 유아: 여우!/ 토끼 , 양 !!/ 오리도 있었어요~ 교사: 맞아요~ 여우랑 토끼랑 양 그리고 오리도 있었어~. 그리고 오늘은 그 동물들이 나오는 동화를 듣기로 했어. 어떤 이야기인지 잘 들어보자. 유아: 네~ [전 개] 교사: 그리고 우리 친구들이 잘 볼 수 있도록 선생님께서 아주 큰 동화책을 가지고 왔어. 그럼 우리 함께 그림책을 보고 어떤 내용인지 이야기 해 보도록 하자. 유아: 네. (그림읽기 참고) 교사: 동화 재미있게 보았니? 유아: 네 교사: 큰 책으로 보니까 어땠어?		

Activity ❷

Heading	What Happened to The Rabbit?	Theme	Animal
Ttype of Activity	Literacy-Reading Pictures Linking Activity-Giving Carrots to Rabbit (game)	Group Size	20
Age	4yrs	Time	20min.
Goal	• Having interest to picture book • Recognizing numbers		
Factor of Curriculum	Language Art, Living Expressions		
Requirement	Big Book, Animal Picture Cards, Hair Band(rabbit), Carrot, Basket, Score Board		
Content	**(Introduction)** T: Do you remember the animals that we learned yesterday? C: Yes. T: What animal were there? C: A fox, a rabbit and a sheep. There's a duck too! T: Right. Today, we will listen to the story about animals. Listen carefully. C: Yes. **(Development)** T: And, I brought a big book for you so you can see the book well. Let's look at the book now. C: Yes. (refer to 'reading pictures') T: How was the book? Was it fun? C: Yes. T: Did you like the big book?		

<table>
<tr><td>내 용</td><td>유아: 더 재미있었던 것 같아요~
교사: 어떤 그림이 재미있었어?
유아: 여우가 토끼를 잡아먹으려고 하는 장면이요~
근데 토끼가 굴속으로 숨었어요.
교사: 그랬구나~ 또 다른 그림이 재미있다고 생각한 사람 있니?
유아: 토끼가 막 뛰는 그림이요~
교사: 그래, 토끼가 굴속으로 숨는 그림과 뛰는 장면이 재미있었구나. 이번에는 너희들과 게임을 함께 해 보려고 해. 게임을 하기 위해 필요한 것을 보도록 하자. 여기 선생님 책상에 무엇이 있니?
유아: 토끼인형, 당근
교사: 그래. 토끼머리띠, 그리고 당근이 있어.
이것들을 가지고 우리 친구들이랑 게임을 하려고 하는데 어떻게 게임을 할 수 있을까?
유아: 토끼 머리띠를 쓰고 주사위를 던져서 나온 수 만큼 저기 책상에 있는 당근을 가져와요.
교사: 아~ 토끼 머리띠를 쓰고 주사위를 던져서 나온 수 만큼 저기 책상에 있는 당근을 가지고 올 수도 있구나. 맞아. 먼저 OO가 말한 것처럼 두 명의 친구가 나와서 여기 바구니에 있는 토끼 머리띠를 쓴다. 그다음 출발선에 서 있는 거야. 선생님이 탬버린으로 신호를 주면 토끼가 되어서 저 당근을 가지고 오는 게임이야. 할 수 있겠니?
유아: 네, 우와 재미있겠다!!
교사: 자, 그러면 게임을 위해 편을 나누어야 한다. 두 팀으로 나누어 앉아보자. (유아들을 같은 수가 되도록 나누어 앉힌다)
이제 두 편의 이름을 정해야해. 편이름은 당근, 토끼로 하자. 이제 맨 앞에 앉은 사람부터 게임을 할거야. 먼저 들어 온 사람은 여기에 있는 당근 스티커를 점수판에 붙일거야!
우리 친구들 잘 할 수 있겠지요?
유아: 네~~
교사: 게임을 할 때에는 선생님과 지켜야 할 규칙이 있는데 어떤 규칙이 있을까?</td></tr>
</table>

<table>
<tr><td>Content</td><td>C: Yes, very funny.
T: Which picture was funny?
C: The picture that the fox about to eat a rabbit.
C: The picture that the fox about to eat a rabbit.
But rabbit hided in the cave.
T: Right. Is there anyone who thinks the other picture is interesting?
C: The picture of the rabbit runs.
T: Right. That was very funny.
At this time, I'd like to do game with you.
Let's see what we need for the game.
What do you see on the table?
C: A rabbit and carrots.
T: Right. This is a rabbit hair band and carrot.
What would we do with these?
Can you think?
C: Put on the band and throw a die.
Get carrots from the table as number as you see on a die.
T: Aha! You put on a rabbit band on your head and get the carrots as many as you get on a die.
Now at first, two children come here and get ready to start.
I'll give you a sign, you be a rabbit and get carrots.
Can you do it?
C: Yes! Funny!!
T: Now, We have to make two teams.
(have them sit in two lines with same number)
Let's make team name. This team would be a carrot, and this team rabbit. Okay?
Let's start with a first child.
Who comes earlier gets a sticker.
Can you do well?
C: Yes.
T: I'm sure that you know some rules for the game. What are the rules?</td></tr>
</table>

내 용	유아: 순서를 지켜요/ 친구를 밀지 않아요~ 교사: 그래요 순서를 지키고 친구를 밀지 않아야 해~ 그럼 이 규칙을 잘 지켜서 우리 함께 게임을 해 보도록 하자 (두 명씩 게임을 시작으로 한다.) [마무리] 교사: 우리 친구들 게임 해 보니까 어땠어? 유아: 재미있었어요~ 교사: 힘든 점은 없었니? 유아: 토끼 흉내 내는 게 조금 힘들었어요~ 교사: 토끼 흉내를 내는 게 조금 힘들었구나~ 유아: 그래도 재미있었어요~ 교사: 선생님도 우리 친구들이 규칙도 잘 지켜주고 게임을 너무 잘 해줘서 즐거운 시간이었어. 유아: 맞아요~ 교사: 이제 간식 먹어야 하니까 자기 자리 정리하고 손 씻고 오도록 하자. 유아: 네.

Content	C: Follow the right order. / Don't push your friend. T: Right. Then let's start the game now. (start the game with two kids) **(Ending)** T: How was the game today? C: It was fun. T: Wasn't there hard thing? C: Running like rabbit was a little hard. T: Aha! That was hard. C: But it was so funny. T: I had a good time because you did the game very well. C: Yes. T: Now it's time to have some snack. Go wash your hand. C: Yes.

활 동 ❸

<table>
<tr><td>제 목</td><td>짝을 맞추어 보아요.</td><td>생활주제</td><td>동물</td></tr>
<tr><td>활동유형</td><td>문해활동- 숫자로 익히기</td><td>집단크기</td><td>20명</td></tr>
<tr><td>연 령</td><td>만4세</td><td>시 간</td><td>20분</td></tr>
<tr><td>목 표</td><td colspan="3">• 알파벳에 대해 알 수 있다.
• 수에 대해 알 수 있다.</td></tr>
<tr><td>교육과정 관련요소</td><td colspan="3">언어영역, 탐구영역</td></tr>
<tr><td>준 비 물</td><td colspan="3">숫자단어카드, 융판, 숫자로 알 수 있는 동물카드 (1~6)</td></tr>
<tr><td>내 용</td><td colspan="3">[도 입]
교사: 지난 시간에 Dinnertime 동화책을 보았어? 이 이야기를 오늘은 Tape로 한 번 들어 보도록 하자 (Tape을 들려준다.)
애들아! 이야기 잘 들었니?
유아: 네, 재미있었어요.

[전 개]
교사: 오늘은 이 책에 나온 그림들을 가지고 숫자에 대해 배울 거야. 여기 무슨 그림이 있어?
유아: 토끼그림이 있어요~
교사: 그래요 여기 토끼사진이 여러 장 있어~
그런데 토끼 사진을 자세히 보면 우리 친구들 무엇이 이상한지 찾을 수 있겠니?
유아: 음.. 한 마리 씩 없어져요!!
교사: 정말?? 토끼가 한 마리씩 없어지는지 우리 그림을 함께 보자?
유아: 네!!
교사: 처음에는 몇 마리가 있는지 함께 세어 보자
유아: 하나 둘 셋 넷 다섯 여섯
교사: 토끼가 모두 몇 마리 있니?
유아: 여섯 마리</td></tr>
</table>

Activity ❸

<table>
<tr><td>Heading</td><td>Matching Pairs.</td><td>Theme</td><td>Animal</td></tr>
<tr><td>Type of Activity</td><td>Literacy Activity- Numbers</td><td>Group Size</td><td>20</td></tr>
<tr><td>Age</td><td>4yrs</td><td>Time</td><td>20mins.</td></tr>
<tr><td>Goal</td><td colspan="3">• Understanding Alphabet
• Learning Numbers</td></tr>
<tr><td>Factor of Curriculum</td><td colspan="3">Language Art, Inquiry</td></tr>
<tr><td>Reqiorement</td><td colspan="3">Cards(number, words), Flannel Board, Animal Cards with Number 1~6</td></tr>
<tr><td>Content</td><td colspan="3">(Introduction)
T: Do you remember the book ‘Dinnertime’? Today we will listen to the story (listen to the tape)
Did you listen well?
C: Yes. It was fun.

(Development)
T: Today, we will learn about numbers with the pictures in this book.
What picture do you see here?
C: A rabbit.
T: Right, here are some pictures of rabbit.
By the way, isn't there something wrong in this picture?
C: Um, Rabbit is gone one by one!!
T: Really? Let's look at the picture.
C: Yes!!
T: Shall we count together?
C: One, two three, four, five, six.
T: How many rabbits do you see?
C: Six.</td></tr>
</table>

<table>
<tr>
<td>내 용</td>
<td>교사: 맞아. 처음 그림에는 토끼가 여섯 마리가 있었어!!
숫자“6”은 알파벳으로는 어떻게 쓰는 건지 함께 보자.
(six라는 단어를 보여준다)
우리 손으로 함께 써보자 (교사는 아이들의 방향과 반대로 써 준다.)
유아: 네~ !!
교사: 우리 친구들 잘 읽기도 하고 쓰기도 하는구나.
그럼 다음 숫자도 한 번 보도록 하자
유아: 네.
(One까지 위와 같은 방법으로 한다)

□ fat rabbits, doing what they please, (숫자 동물카드)

□ fat rabbits, climbing up to play, (숫자 동물카드)

□ fat rabbits, leaping all around, (숫자 동물카드)

□ fat rabbits, away from their burrow, (숫자 동물카드)

□ fat rabbits, playing hide-and-seek, (숫자 동물카드)

□ fat rabbits, all on its own (숫자 동물카드)

(Six) (Five) (Four) (Three) (Two) (One)

교사: 우리 이제 빈 칸을 너희들이 붙여 보도록 할 거야. 첫 번째 문장을 누가 해볼까?
유아: 저요~
교사: 그럼 ♡♡가 나와서 해 볼까요?
(유아가 나와서 해 본다)
첫 번째 문장을 ♡♡가 해 주었어. 우리 ♡♡에게 박수 쳐 줄까요?
첫 번째 그림은 왜 Six를 붙였을까?</td>
</tr>
</table>

Content	T: Right. On the first page, there were six rabbits. Do you know how you can write number six? (show them the word 'six'.) Let's write the word 'six' with a finger. (show them how to write by writing opposite way) C: Yes! T: You all write and read very well. Then let's look at the next number. C: Yes. (same way until 'one') ☐ fat rabbits, doing what they please, (animal card) ☐ fat rabbits, climbing up to play, (animal card) ☐ fat rabbits, leaping all around, (animal card) ☐ fat rabbits, away from their burrow, (animal card) ☐ fat rabbits, playing hide-and-seek, (animal card) ☐ fat rabbits, all on its own (animal card) (Six) (Five) (Four) (Three) (Two) (One) T: Now I'll let you stick the words on the blank. Who would you do first? C: Me! T: Okay, ♡♡! Come and try. (give some time to a child) T: ♡♡ did the first sentence. Shall we give ♡♡ a big hand? Do you know why did ♡♡ stick 'six' on the first picture? C: Because there are six rabbits in the picture. T: Then, shall we read 'six' together?

<table>
<tr><td>내 용</td><td>유아: 그림에 토끼가 6마리가 있어요~
교사: 그럼 우리 Six를 선생님과 읽어 볼까~
유아: Six!!!!!
교사: 두 번째 문장은 어떤 친구가 나와서 해 보자
유아: 저요~제가 해 볼께요~
교사: 그럼 ♡♡가 나와서 해 보자
(유아가 나와서 해 본다. Six부터 one까지 위와 같은 방법으로 한다)

[마무리]
교사: 우리 친구들이 너무 잘 해 주었어.
그럼 우리 처음부터 숫자를 함께 읽어보도록 할까?
유아: 네.
(교사, 유아가 함께 수를 읽는다)
교사: 아주 잘 읽었어.
그럼 이 자료는 너희들이 또 할 수 있도록 언어영역에 놓아둘게. 하고 싶은 친구들은 자유놀이 시간에 또 하도록 해요. 다음은 간식 시간이니까 뒤에 앉은 친구들부터 일어나서 손 씻고 오도록 하자.

※ 문장의 색지와 단어의 색지가 일치되게 한다. 숫자 밑에는 그림으로도 표시해 준다.</td></tr>
</table>

<table>
<tr><td>Content</td><td>C: Six!!!!!
T: Who can you come and do second sentence?
C: Me!
T: Okay, ♡♡! Come and try.
(give some time to do. keep on doing to 'one')

(Ending)
T: Children! You did good job today.
Now, shall we read the number from the beginning?
C: Yes.
(read numbers)
T: Good job.
I'll put these things in the language center.
You can do anytime.
T: We'll have snack time now. Go and wash your hand from the back seat.

※ make same color words and sentences. on the low part of number, add picture.</td></tr>
</table>

활 동 ❹

제 목	파닉스	생활주제	같은 첫소리
활동유형	문해활동-첫소리 익히기	집단크기	15명(소그룹)
연 령	만4세	시 간	20분
목 표	• "R"과 "F"로 시작하는 단어를 알 수 있다. • 단어의 뜻을 알 수 있고 읽을 수 있다.		
교육과정 관련요소	언어영역		
준 비 물	빅북, 단어카드, 그림카드, 융판, CD, CD Player,		
내 용	**[도 입]** 교사: 애들아! 지난시간에 우리 이 큰 책을 가지고 동화를 들어 보았지? 유아: 네~ 교사: 오늘은 이 동화를 TAPE으로 다시 한 번 들어 볼 거야 (tape을 틀어주고 교사는 빅북을 넘기면서 보여준다.) 잘 들었니? 유아: 네~ 교사: 오늘, 이 이야기를 가지고 활동을 할 거야. 준비물을 보자. 유아: 네~~ **[전 개]** 교사: 먼저 이 그림을 보자.(토끼그림을 융판에 붙인다) 이것은 무엇이니? 유아: 토끼 교사: 그래, 토끼는 첫소리가 R과 F중에서 무엇이니? 유아: R이요. 교사: 그래, 함께 읽어보자. R ... abbit. (토끼 그림 옆에 단어카드를 붙인다) 이번에 이 동물은 누구니?(너구리 그림을 융판에 붙인다) 유아: 너구리요.		

Activity ❹

<table>
<tr><td>Heading</td><td>Phonics</td><td>Theme</td><td>Initial Sound</td></tr>
<tr><td>Type of Activity</td><td>Literacy Activity-Initial Sound</td><td>Group Size</td><td>15</td></tr>
<tr><td>Age</td><td>4yrs.</td><td>Time</td><td>20mins.</td></tr>
<tr><td>Goal</td><td colspan="3">• Learning initial sound “R” and “F”.
• Reading and understanding words</td></tr>
<tr><td>Factor of Curriculum</td><td colspan="3">Language Art</td></tr>
<tr><td>Requirement</td><td colspan="3">Big Book, Word Cards, Picture Cards, Flannel Board, Cd, Cd Player,</td></tr>
<tr><td>Content</td><td colspan="3">(Introduction)
T: Children! Do you remember what we listened this?
C: Yes.
T: Today, we'll listen to the tape of this story.
(show them big book as they listen)
Did you listen carefully?
C: Yes!
T: Today, we'll have some activity. Let's see what I prepared.
C: Yes.

(Development)
T: At first, let's look at this.(put rabbit on a flannel board) What do you call this?
C: A rabbit.
T: Right, this is rabbit. What initial letter does 'rabbit' have? Is R or F?
C: R
T: Right, let's read R together. R ... abbit. (put the letter R next to rabbit). Now what animal is this? (put raccoon on the flannel)
C: A raccoon.</td></tr>
</table>

<table>
<tr><td>내 용</td><td>교사: 그래, 너구리야. 너구리의 첫소리는 R일까 F일까?
유아: R이요.
교사: 그래, 함께 읽어보자 R...accoon(같은 방법으로 나머지 카드 설명한다). 오늘을 이 그림카드를 가지고 "R"과 "F"로 시작하는 단어를 우리 친구들이 맞추어 보도록 하는 게임을 할 거야. 먼저 게임을 위해 두 편으로 나누어 앉을 거야. 나누어 앉아 보자(나누어 앉힌 후 숫자가 같은지 확인한다)
그 다음 편 이름을 정하자. 동물 이름 중에서 정하자. 먼저 이쪽 편은 이름을 무엇으로 정하고 싶니?
유아: 토끼
교사: 모두 토끼로 정하고 싶니?
유아: 네.
교사: 그래, 이쪽 편은 토끼팀으로 정했어. 그러면 이쪽 편은 무엇으로 정하고 싶니?
유아: 사자/ 다람쥐
교사: 이쪽 편은 두 가지가 나왔네. 사자라는 이름이 더 좋은 사람 손 들어보자(유아들이 손을 들면 그 수를 소리 내어 센다). 다람쥐라는 이름이 더 좋은 사람 손 들어 보자(유아들이 손을 들면 그 수를 소리 내어 센다). 자 그러면 어느 이름이 더 많이 나왔니?
유아: 사자
교사: 그래, 사자라는 이름을 좋아하는 사람이 더 많았다. 그래서 이쪽 편은 사자팀으로 정했어. 이 게임의 방법은 출발선에 서 있다가 출발신호를 듣고 융판에 뛰어가서 선생님이 보여주는 그림카드의 단어를 완성하면 되는 거야. 잘 할 수 있겠지??
유아: 네.
교사: 양편에서 한 명씩 나와서 해보자. "rabbit" (그림자료를 제시하며 외친다), 자 출발!!! (두 명의 유아가 나와서 붙여 보도록 한다.)
우리 ☆☆와 ♡♡가 단어를 붙여 주었는데, 잘한 것 같니?
유아: 네~
교사: 그럼 수고한 ☆☆과 ♡♡에게 박수~
유아: 짝짝짝!!!</td></tr>
</table>

<table>
<tr><td>Content</td><td>T: Right, this is raccoon. What initial does raccoon have? R or F?
C: R
T: Right, let's read R...accoon.
(explain all cards like this)
Today, we'll have a game that matches R and F.
First, let's make two teams. (let them sit in two lines and make sure the number are same). Then, make team names. What animal would you like to choose for your team?
C: A rabbit!
T: Is rabbit all right?
C: Yes.
T: Good. This is team rabbit. Now what animal would you like to choose?
C: A lion, a squirrel
T: This team has two animals. Then raise your hand who likes a lion. (count numbers). Raise your hand who likes squirrel. (count numbers) Now, which animal has more?
C: A lion
T: Okay, then team name is lion. Let me explain about the game. Be ready on a start line. After listening to the signal, run to the teacher and look at the picture. Complete the word. Understand?
C: Yes!
T: One per team come here and let's do. "rabbit"
(show the picture and say), Ready! Go!!
(let two children do)
Do you think ☆☆ and ♡♡ did well?
C: Yes
T: Then, let's give them big hands.
C: Clap, clap, clap!!</td></tr>
</table>

내 용	교사: 우리 함께 토끼의 단어를 읽어 보도록 하자. “Rabbit” 한번 더 읽어 보자 Rabbit!! 유아: Rabbit!! 교사: 다음 두 명 앞으로 나오자. “fox” (그림자료를 제시하며 외친다). 출발(두 명의 유아가 나와서 붙여 본다.). 우리 ☆☆와 ♡♡가 단어를 붙여 주었는데, 잘 한 것 같니? 유아: 네~ 교사: 그럼 수고한 ☆☆과 ♡♡에게 박수~ 유아: 짝짝짝!!! 교사: 우리 함께 여우의 단어를 읽어 보도록 하자. “fox” 한번 더 읽어 보자 fox!! (같은 방식으로 게임을 진행한다.) [마무리] 교사: 오늘 이렇게 “R”로 시작하는 단어인 Rabbit, Rat, Raccoon, Rain, Run 과 “F”로 시작하는 Fox, Fish, Fat, Face, Frog로 게임을 해보았어. 그럼 토끼팀과 사자팀의 점수가 어떤지 알아보자. 먼저 사자팀의 점수는 몇 개니? 함께 세어보자. 유아: 하나, 둘, 셋, 넷, 다섯 교사: 그래. 다섯 개를 받았구나. 그럼 토끼팀의 점수는 몇 개니? 함께 세어보자. 유아: 하나, 둘, 셋, 넷, 다섯 교사: 토끼팀도 다섯이구나. 양편의 점수가 어떠니? 유아: 같아요. 교사: 그래. 동점이구나. 오늘 게임은 이데 끝났어. 이 그림글자 카드를 더 가지고 놀고 싶은 사람을 위해서 언어영역에 둘 거야. 다음시간은 자유놀이 시간이란다.

<table>
<tr>
<td>Content</td>
<td>T: Let's read the word rabbit. “Rabbit” Once again Rabbit!!
C: Rabbit!!
T: Next, two of you! come! “fox” (show the picture and say) Ready! Go! (give some to do). Did ☆☆ and ♡♡ do well?
C: Yes!
T: Then, give them big hands!
C: Clap, clap, clap!
T: Let's read the word fox. “fox” Read again! fox!! (keep on doing)

(Ending)
T: Today, we learned some words having initial “R". Rabbit, Rat, Raccoon, Rain, Run and initial “F”. Fox, Fish, Fat, Face, Frog through the game. Let's look at the point. How many points did lion get? Count!
C: One, two, three, four, five.
T: Right, Lion got point 5. How about team rabbit? Let's count together.
C: One, two, three, four, five.
T: Team rabbit got 5 too.
C: Same point..
T: Right. they got same point.
I'll put this game at the language center. You can do at your freetime.</td>
</tr>
</table>

활 동 ❺

<table>
<tr><td>제 목</td><td>내가 동화의 주인공이라면?</td><td>생활주제</td><td>동물</td></tr>
<tr><td>활동유형</td><td>통합적 연결활동-동극</td><td>집단크기</td><td>20명</td></tr>
<tr><td>연 령</td><td>만4세</td><td>시 간</td><td>20분</td></tr>
<tr><td>목 표</td><td colspan="3">• 동화의 내용을 이해하고 창의적으로 표현해 본다.
• 동물의 특징을 이해할 수 있다.</td></tr>
<tr><td>교육과정 관련요소</td><td colspan="3">언어영역, 표현생활영역</td></tr>
<tr><td>준 비 물</td><td colspan="3">빅북, CD-Player. 동물 머리띠</td></tr>
<tr><td>내 용</td><td colspan="3">[도 입]
교사: 오늘은 Dinnertime 동화로 동극을 할거야. 우리 이 동화책을 같이 한번 CD로 들어보면서 읽어 보자.
(CD를 듣는다. 이때 자연스럽게 따라 읽을 수 있는 유아는 읽도록 격려한다.)

[전 개]
교사: 우리 친구들 동화 잘 들었니?
유아: 네.
교사: 동화에 누가 나왔니?
유아: 여우/ 토끼/ 양/ 오리/ 쥐/ 허수아비 아저씨도 나왔어요
교사: 그래. 너희들이 말한 것처럼 여우, 토끼, 그리고 양, 오리, 쥐도 나왔어. 그래서 선생님이 동화에 나오는 인물들의 머리띠를 만들어 왔어.
이 머리띠는 동극을 하기 전에 너희들에게 나누어 줄거야.
이제 배역을 정해 보도록 하자. 누가 여우를 해 볼까??
유아: 저요~!!
교사: 그럼 ♡♡가 여우를 하도록 해요~♡♡ 앞으로 나오자.(머리띠를 씌워준다) 앞에 앉아서 기다리자. 다음은 허수아비를 하고 싶은 사람?
유아: 저요.</td></tr>
</table>

Activity ❺

Heading	If I'm a Hero of The Story.	Theme	Animal
Type of Activity	Integrated Activity-Role Play	Group Size	20
Age	4yrs.	Time	20mins.
Goal	• Understanding Story and Express One's Ingenuity • Understanding Animal's Character		
Factor of Curriculum	Language Art, Living Express Area		
Requirement	Big Book, Cd-Player. Animal Hair Bands		
Content	**(Introduction)** T: We are going to do role play of 'Dinnertime' today. Let's listen to the story first! (listen to the cd. encourage children to read) **(Development)** T: Did you listen well? C: Yes. T: What are in the story? C: Fox, rabbit, sheep, duck, mouse, scarecrow. T: Right. As you said, there are many kinds of animals. So, I brought animal hair bands. These are for the role play. Now, let's make roles. Who wants to be a fox? C: Me. T: Then, ♡♡! Take fox's role. Come here ♡♡! (put band on her head) wait for a second Next, who wants to take scarecrow? C: Me!		

내 용	교사: 그래. OO가 앞으로 나오자. (머리띠를 씌워준다) 앞에 앉아서 기다리자. 다음은 양을 하고 싶은 사람? (위와 같이 생쥐, 오리, 토끼, 엄마토끼도 역할을 정한다) 교사: 이제 역할을 다 정했어요~ 그럼 동극을 시작하기 전에 각자 맡은 역할을 소개하고 인사를 하자. oo부터 인사하자. 유아: 저는 OO역할을 맡은 △△입니다. (각 유아가 자신의 역할을 소개할 수 있는 시간을 준다.) 교사: 동극을 하는 친구들은 여기 이 의자 뒤에 서서 순서가 되면 등장하는거야. 유아: 네 교사: 그럼 동극을 할 친구들은 앞으로 나와 볼까? 그럼 지금부터 동극 "Dinnertime"을 시작하겠습니다. (Tape을 같이 틀어준다) (해설) Six fat rabbits, doing what they please, don't see the fox sneak out of the trees. 양: Run, fat rabbits! Run, run, run! Or that fox will eat you, one by one! 생쥐: Run, fat rabbits! Run, run, run! Or that fox will eat you, one by one! 오리:Run, fat rabbits! Run, run, run! Or that fox will eat you, one by one! 허수아비: Run, fat rabbits! Run, run, run! Or that fox will eat you, one by one! ※ 교사는 아이들이 대사를 할 수 있도록 보조자 역할과 책의 장면을 보여주면서 아이들이 보고 표현 할 수 있도록 도와준다. **[마무리]** 교사: 동극이 끝났어. 우리 친구들이 보여준 동극을 보니까 어땠니? 유아: 재미있었어요~

Content	T: Okay. ○○! Come to the front! (put band on her head) Wait for a second. Next, sheep? (let them take roles like this.) T: Now, we are ready for the role play. It's time to introduce the role. 00! Can you introduce your role? C: My name is ○○. I'm a rabbit. (give them some time to do) T: Good. (saying to the children who take roles) Come out from that chair's back waiting for your turn. C: Yes. T: Now, are you ready? It's time to start! "Dinnertime" (turn on the tape) (narration) Six fat rabbits, doing what they please, don't see the fox sneak out of the trees. sheep : Run, fat rabbits! Run, run, run! Or that fox will eat you, one by one! mice : Run, fat rabbits! Run, run, run! Or that fox will eat you, one by one! ducks : Run, fat rabbits! Run, run, run! Or that fox will eat you, one by one! scarecrow : Run, fat rabbits! Run, run, run! Or that fox will eat you, one by one! ※ teacher can help children to do their role showing the picture of the book. **(Ending)** T: Very good, children! this is the end. How was the role play today? C: Fun!

내 용	교사: 열심히 한 친구들에게 박수를 쳐주도록 하자 유아: 짝짝짝~ 교사: 역할을 맡았던 친구들은 어떠니? 유아: 재밌었어요. 교사: 어떤 점이 재미있었니? 유아: 동물 머리띠를 쓴 거요./ 동극이 재밌었어요. 교사: 동물 머리띠를 쓴 게 재밌었구나./ 동극이 재밌었구나. 힘든 점은 없었니? 유아: 대사가 조금 어려웠어요~ 교사: 대사가 어려웠었구나. 선생님이 오늘 쓴 동극 한 것들을 역할놀이 영역에 놓아둘 테니까 오늘 해보고 싶었는데 못해본 친구들은 자유놀이 시간에 해보도록 하자. 유아: 네~

<table>
<tr><td>Content</td><td>T: Let's give them a big hand.
C: Clap, clap, clap.
T: (looking children who involved in the play) How did you feel about your role?
C: Exciting
T: What part was the most exciting?
C: Putting animal band. Role play itself.
T: Good. Anything hard?
C: Speech was a little hard.
T: Oh! I see.
I'll put these materials on the role play center, you could do role play at your free time with your friend.
C: Yes.</td></tr>
</table>

활 동 ❻

제 목	자신감 있게 읽어볼까요?	생활주제	동물
활동유형	Shared Reading(나눠 읽기)	집단크기	15명(소집단)
연 령	만4세	시 간	20분
목 표	• 단어의 뜻을 알 수 있으며 읽을 수 있다. • 영어 동화책에 관심을 가지고 자신감 있게 읽을 수 있다.		
교육과정 관련요소	언어영역		
준 비 물	빅북, 문장 카드, 그림장면		
내 용	**[도 입]** 교사: 친구들 지난 시간에 우리 “Dinnertime”으로 동극한 거 생각나니? 유아: 네~ 교사: 해보니까 어땠어? 유아: 재미있었어요~ 교사: 어떤 부분이 재미있었니? 유아: 음..여우가 되어서 점프하는게 재미있었어요~ / Run!!!!!소리치는 게 재미있었어요~ 교사: 그랬구나~ 여우가 되어서 점프하는 것이 재미있었구나~ 그럼 이 큰 책으로 볼 때는 어떤 장면이 재미있었어? 유아: 토끼가 놀라서 도망가는 장면이요. / 여우가 나무 뒤에 숨어있는 장면이요. 교사: 아~ 토끼가 놀라서 도망가는 장면이랑 여우가 나무 뒤에 숨어있는 장면이 재미있었구나.! **[전 개]** 교사: 우리 친구들 모두 동화의 내용을 잘 기억하고 있구나 오늘은 우리가 이 동화책을 가지고 선생님과 함께 읽어 보도록 할꺼야 유아: 우와. / 너무 어려우면 어떡해요?		

Activity ❻

<table>
<tr><td>Heading</td><td>Reading Fluently</td><td>Theme</td><td>Animal</td></tr>
<tr><td>Type of Activity</td><td>Shared Reading</td><td>Group Size</td><td>15</td></tr>
<tr><td>Age</td><td>4yrs</td><td>Time</td><td>20mins.</td></tr>
<tr><td>Goal</td><td colspan="3">• Reading and understanding words
• Having interest in reading an English book</td></tr>
<tr><td>Factor of Curriculum</td><td colspan="3">Language Art</td></tr>
<tr><td>Requirement</td><td colspan="3">Big Book, Sentence Card, Pictures of Story</td></tr>
<tr><td>Content</td><td colspan="3">(Introduction)
T: Do you remember that we did role play of Dinnertime?
C: Yes
T: How did you feel about?
C: It was funny.
T: What part was funny?
C: Being fox and jump. Saying Run!!!!!
T: Okay, then in this picture, which was the funniest?
C: The picture that rabbit was running away. Fox hiding behind the tree!
T: Aha! rabbit running and fox hiding.

(Development)
T: You all remember the story very well.
Today, with this book we'll read together.
C: Wow! Isn't it too hard?</td></tr>
</table>

<table>
<tr>
<td>내 용</td>
<td>교사: 선생님과 함께 읽어보니까 괜찮을거야.
먼저 CD-Player로 들어볼까?
(CD로 들어본다)
CD로 들어보니까 어때요?
유아: 재미있어요~
교사: 어떤 말이 재미있니?
유아: Run!!! Rabbit!!!
교사: Run, Rabbit, 우리 친구들은 재미있었구나. 그럼 우리 이 Run 과 Rabbit이 들어가는 문장을 보도록 하자.
그럼 우선 이 문장 카드를 함께 보도록 하자
유아: 네~~
교사: 여기 동화책 그림과 문장 카드가 있어~
그런데 여기는 빨간색이고 이 문장은 노란색이야.
왜 이렇게 되어있을까?
유아: 잘 모르겠어요~
교사: 우리 친구들 잘 모르겠니? 그럼 선생님이 이야기를 해 줄께~
유아: 네~~
교사: 여기 빨간색으로 되어있는 문장은 선생님이 읽는 문장이고,
여기 노란색은 너희들이 읽어 보도록 할꺼야.
유아: 아
교사: 우리 그럼 한번 읽어 보도록 할까?
유아: 네.
교사: 그럼 먼저 CD와 함께 읽어 보도록 하자

※ CD로 들으면서 읽고 끊어가면서 읽는다.
(CD와 빅북을 이용하여 선생님과 나눠서 읽는다. 이때 유아는 Run, run, run! one by one!을 읽는다)

교사: 이제 쉽게 읽을 수 있을 것 같니?
유아: 네~~
교사: 그럼 선생님과 읽어 보도록 하자

※ 선생님과 유아가 함께 나눠서 읽는다.</td>
</tr>
</table>

Content	T: No, I'll read with you. Shall we listen to the CD first? (listen to the CD) T: How is it? C: Funny. T: What part was funny? C: Run!!! Rabbit!!! T: Run, Rabbit, Then let's make some sentences having 'Run' and 'Rabbit'. T: Now, let's look at the sentence cards. C: Yes! T: Here are some pictures and sentence cards. Look at these! Here red and yellow! Guess! why are the colors different? C: No idea! T: Then, let me tell you. Here red sentences are for me and yellow for you. C: Aha! T: Shall we listen together? C: Okay! T: Then read sentence by sentence following cd. ※ turn on the cd. let them repeat after cd. (show them a big book and help to read by sharing. let children read 'Run, run, run! one by one!') T: Now can you read it? C: Yes. T: Then let's read. (share reading)

내 용	[마무리] 교사: 우리 친구들 어려운 문장인데도 잘 읽었어. 그럼 우리 친구들이 읽을 수 있도록 여기 CD랑 큰 빅북과 이 문장카드와 그림카드를 같이 언어영역에 놓아둘게. 동화책을 또 읽고 싶은 친구들은 읽도록 하자. 유아: 네~ 교사: 다음 시간은 자유놀이 시간이야. 각자 하고 싶은 영역에서 놀이를 하도록 하자.

Content	**(Ending)** T: You read very well even it was very hard. Now, I'll put a big book and cd with cards in the language center. You can read whenever you want. C: Yes! T: It's free-playing time now. You choose the center and play you want!

Reading Pictures-Dinnertime

풀밭 위에 여섯 마리의 토끼들이 허수아비 앞에서 놀고 있고 뒤에서 여우가 다가서는 장면	T: What can you see on this picture? C: A scarecrow, some rabbits, a fox, herds of sheep, mice, and ducks. T: How many rabbits are there? C: Six. T: How do they look? Are they fat? C: Yes, they are fat rabbits. T: Are they aware that the fox is sneaking up on them? C: No, they don`t see the fox.

여우가 토끼를 잡아먹으려고 달려들고 여섯 마리의 토끼들은 흩어지는 장면	T: Wow! The fox is trying to eat the rabbits. Is the fox good? C: No.

다섯 마리의 토끼들이 놀고 있는 장면	T: How many rabbits can you find? C: Five. T: Oh, no. One rabbit is missing. Where could it be? C: In the fox`s tummy T: Can you find the fox? Where is the fox? C: He is hiding in the hay. T: Do you think the rabbits know about the fox? C: No. T: What will happen next? C: The fox will jump out of the hay to eat the rabbits.

건초더미에서 튀어나온 여우가 토끼들에게 달려드는 장면	T: You`re right! The fox jumps out of the hay. The rabbits are running away from the fox.

연못가에는 동물들이 모여 있고 네 마리의 토끼가 놀고 있는 장면	T: How many rabbits do you see? C: Four. T: What are the rabbits doing C: They`re leaping like a frog. T: What about the fox? C: It`s chasing after the rabbits. T: What do you want to see next?

여우가 네 마리의 토끼들에게 달려드는 장면	T: The fox is trying to catch the rabbits again. T: Look at the other animals. What could they be saying to the rabbits? C: Run away! T: How many rabbits can you see next? C: Three!

세 마리의 토끼가 놀고 있는 장면	T: Yes! The fox is jumping up on the rabbit. What will happen next?

여우가 세 마리의 토끼에게 뛰어드는 장면	T: The fox springs up on the rabbits. How many rabbits can you see next? C: Two!

두 마리의 토끼가 숨바꼭질을 하고 있고 여우가 잠자는 척을 하고 있는 장면	T: Good job! What are the rabbits doing? C: They are playing hide and seek. T: What is the fox doing? C: The fox leans against the tree. And he pretends to be asleep. T: What will happen next?

여우가 토끼에게 뛰어드는 장면	T: What can you say to the rabbits? C: Run away!

어두운 배경에 토끼 한 마리가 걸어가고 있는 장면	T: How many rabbits are left now? C: Just one. T: Is it day or night? C: Night. It`s dark. T: Can you find the fox? C: Yes, it`s hiding in the bushes. T: What will happen next?
여우가 한 마리의 토끼를 향해 달려드는 장면	T: The fox still trying to catch the rabbit. Do you think the missing rabbits are in fox`s tummy? C: No! T: Can you guess where they are?
토끼가 땅속 집으로 들어가는 장면	T: Where are the rabbits? C: In their house. T: What are they doing? C: They`re playing. T: What will happen?
여섯 마리의 아기토끼와 엄마토끼가 저녁을 먹는 장면	T: It`s dinnertime. They are having dinner. What`s for dinner? C: Cabbage rolls. T: What will happen next?
잠든 토끼들과 축 처진 모습으로 돌아가는 여우가 보이는 장면	T: What are they doing? C: They`re sleeping. T: How about the fox? C: Maybe the fox is going home. T: Oh, poor fox! I think it is still hungry.

<table>
<tr><td>제 목</td><td colspan="2">TITCH</td></tr>
<tr><td>저 자</td><td>Pat Hutchins</td><td rowspan="5">
</td></tr>
<tr><td>삽 화 가</td><td>Pat Hutchins</td></tr>
<tr><td>출 판 사</td><td>Aladdin</td></tr>
<tr><td>주 제</td><td>도구와 기계(비교)</td></tr>
<tr><td>대상연령</td><td>만5세</td></tr>
<tr><td>내 용</td><td colspan="2">Titch was little.
His sister Mary was a bit bigger.
And his brother Pete was a lot bigger.
Pete had a great big bike.
Mary had a big bike.
And Titch had a little tricycle.
Pete had a kite that flew high above the trees.
Mary had a kite that flew high above the houses.
And Titch had a pinwheel that held in his hand.
Pete had a big drum.
Mary had a trumpet.
And Titch had a little wooden whistle.
Pete had a big saw.
Mary had a big hammer.
And Titch held the nails.
Pete had a big spade.
Mary had a fat flowerpot.
But Titch had the tiny seed.
And Titch's seed grew and grew and grew.</td></tr>
<tr><td>작 가</td><td colspan="2">1942년 영국 출신인 Pat Hutchins 는 어릴 때부터 그림 그리기를 좋아했습니다. 그녀는 아트 스쿨을 졸업하고 남편을 만나뉴욕으로 건너갔습니다. 한 제작자의 권유로 "Rosie's Walk" (1968)을 첫 작품으로 출간하였습니다. 이후로 40여권의 작품을 남기면서 주목받는 작가로 활동하고 있습니다. 그녀의 작품에는 숲과 동물들이 많이 등장합니다. 이는 전원에서 자란 작가의 어린 시절이 잘 반영된 것이라 할 수 있습니다.</td></tr>
<tr><td>활 용</td><td colspan="2">* 비교하기(크기)
* 분류하기
* 라임(-ch)
* 단어 만들기
* 이중자음 익히기</td></tr>
</table>

활동내용

1. 형, 누나가 있어요
2. 내 것을 찾아주세요(분류하기)/게임
3. 문해활동 – ch소리 익히기
4. 우리가족 그리기(조형)
5. ‘I had–’ 문장 만들기
6. 문해활동 – 유창하게 읽기

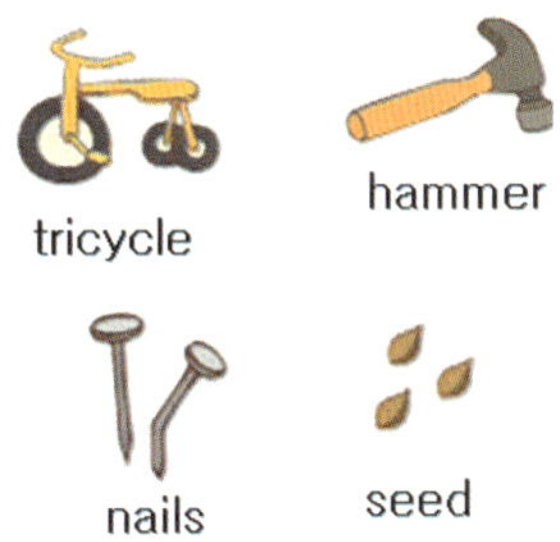

활동1 자료

활동2 자료

활동3 자료

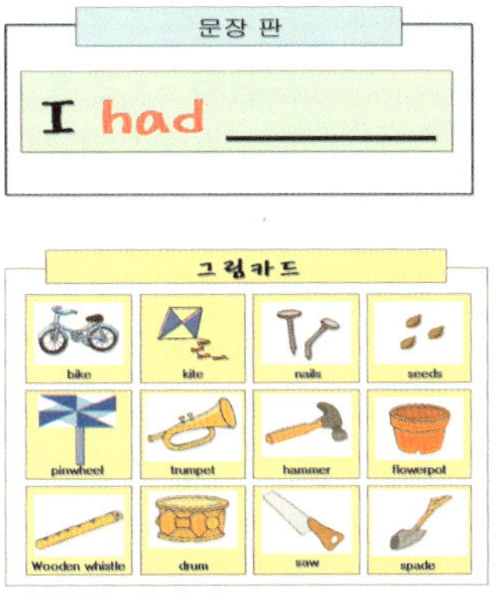

활동5 자료

활 동 ❶

제 목	형, 누나가 있어요.	생활주제	가족과 이웃
활동유형	사전활동-이야기 나누기	집단크기	20명
연 령	만 5세	시 간	20분
목 표	사물의 크기에 대해 비교해 볼 수 있다.		
교육과정 관련요소	언어생활영역, 표현생활영역		
준 비 물	Big Book, cassette, tape, 그림카드		
내 용	[도 입] 교사: 선생님이 수수께끼를 들려줄게. 나는 누구일까요? 하면 그 때 답을 아는 친구는 말해주는 거야. 유아: 네 교사: 나는 집을 지을 때 써요. 나의 앞쪽 머리는 넓적하고요, 뒷머리는 삐쭉해요. 나는 누구일까요? 유아: 망치 교사: 그래요. 망치라고 생각하는구나. 망치가 맞는지 그림을 보자.(그림 카드를 융판에 붙인다). 그래, 망치였구나. 이번에 또 수수께끼를 낼게. 잘 들어봐. 나는 뾰족뾰족 해요. 그리고 작아요. 내 친구는 망치예요. 나는 누구일까요? 유아: 못 교사: 못이 맞을까 어디 보자.(그림카드를 제시한다). 그래. 못이 맞았네. 그 다음 또 잘 들어보자. 나는 바퀴가 두 개 인 것도 있고요, 3개인 것도 있어요. 나는 우리 친구들이 나를 타고 잘 놀아요. 발판으로 나를 밟으면 앞으로 나가요. 나는 누구일까요? 유아: 자전거 교사: 자전거가 맞나 그림을 보자.(그림 제시). 그래 자전거였구나. 그 다음 또 잘 들어보자. 나는 아~주 작아요. 봄에 나를 땅에 많이 심어요. 그리고 물도 주고 햇빛도 받으면 새싹도 나고 꽃도 나요. 나는 누구일까요?		

Activity ❶

Heading	I Have a Brother and a Sister.	Theme	Family and Neighbor
Type of Activity	Preliminaries-Sharing Stories	Group Size	20
Age	5yrs.	Time	20mins.
Goal	Comparing Things		
Factor of Curriculum	Language Art, Expression Area		
Requirement	Big Book, Cassette Tape, Picture Cards		
Content	**(Introduction)** T: Let me give some puzzles to guess. As I ask you "who am I?" Whoever knows the answer can say to me. Okay? C: Yes! T: I'm used for building a house. My forehead is wide and my back head is sharp. Who am I? C: A hammer T: Do you think so? Okay. Let's look at the picture if it's right. (stick the picture card on the board) Right. It is a hammer. Now, I'll give another puzzle. Listen carefully. I am very sharp. I'm small. My friend is hammer. Who am I? C: A nail T: Is it a nail? Let's see. (show the picture card) Right. It is a nail. Let's listen again. I have two wheels or three wheels. Children ride me and have fun. When you step my peddle I go straight. Who am I? C: A bike. T: Are you sure? Let's look at the picture.(show the picture) Right. It is a bike. Next, I am very small. In spring, I am sowed, given water and got the sunlight. Then I grow and have flower. Who am I?		

<table>
<tr><td>내 용</td><td>유아: 씨앗
교사: 씨앗이 맞을까 어디 그림을 보자 (그림 제시). 씨앗이 맞았니?
유아: 네
교사: 그래. 씨앗이었어.

[전 개]
교사: 자, 여기 있는 망치, 못, 자전거, 씨앗 중 가장 큰 것은 무엇일까?
유아: 자전거
교사: 그래, 자전거가 제일 크구나. 그러면 제일 작은 것은 무엇일까?
유아: 씨앗.
교사: 그래요. 씨앗이 제일 작구나.
그러면 누가 이 그림카드를 크기 순서대로 놓아볼 수 있겠니?
유아: 저요
교사: 그래. ☆☆☆가 나와서 해보자(유아에게 기회를 준다)
얘들아, ☆☆☆가 맞게 한 것 같아?
유아: 네
교사: 그래. 아주 잘했어. 큰 것부터 차례로 말해보자.
유아: 자전거, 망치, 못, 씨앗
교사: 씨앗보다 못이 크고. 또 못보다 망치가 더 크고. 망치보다 자전거가 더 크네. 그럼 이번에는 작은 순서대로 놓아 볼 수 있겠니? 00가 해 보자. 앞으로 나오자.
(유아가 크기가 큰 작은 순서대로 정렬한다.)
교사: 씨앗, 못, 망치, 자전거. 00가 작은 순서대로 잘 놓았니?
유아: 네~
교사: 그래, 00 아주 잘했어. 자전거 보다 망치가 더 작고, 망치보다 못이 작고. 그리고 못보다 씨앗이 작았어. 」
가장 작은 것은 무엇이지?
유아: 씨앗이요.
교사: 그래, 씨앗이 가장 작아. 그럼 가장 큰 건 무엇이지?
유아: 자전거예요.
교사: 그래. 자전거가 가장 크구나. 자 그럼 선생님의 키와 00의 키 중에서 누구의 키가 더 클까?</td></tr>
</table>

<table>
<tr><td>Content</td><td>C: A seed
T: Is seed right? Let's see the picture. (show it)
C: Yes.
T: Right. It's a seed.

(Development)
T: Look. Here are a hammer a nail a bike and a seed. Which one is the biggest?
C: A bike
T: Right, The bike is the biggest. Then, which is the smallest?
C: A seed.
T: Right. Seed is the smallest.
Then, who can put these cards in order from the biggest?
C: Me!
T: Okay. ☆☆☆! Come and do this.(give some time to do) Children! Did ☆☆☆ do right?
C: Yes.
T: Good! Excellent! Let's say from the biggest.
C: A bike, a hammer, a nail and a seed.
T: The nail is bigger than the seed. The hammer is bigger than the nail. The bike is bigger than the hammer. Now, can you put this in order from the smallest? Can you do it, 00? Come over to the front.
(00 did put in order)
T: Did 00 put well? Let's see. A seed, a nail, a hammer and a bike.
C: Yes!
T: Right! 00 did very well. The hammer is smaller than the bike. The nail is smaller than the hammer. The seed is smaller than the nail. Then which is the smallest?
C: A seed.
T: Right! The seed is the smallest. Then, which is the biggest?
C: A bike.
T: Right. The bike is the biggest. Now, who is bigger? Teacher or 00?</td></tr>
</table>

<table>
<tr><td>내 용</td><td>유아: 선생님이요.
교사: 그렇지. 그럼 책과 연필 중 무엇이 더 클까?
유아: 책이요..
교사: 그렇지. 책은 연필보다 더 큽니다.

[마무리]
교사: 오늘은 크기를 비교해 보았어. 다음 시간은 바깥놀이시간이야
선생님이 이름을 부르는 사람은 밖으로 나가자.</td></tr>
</table>

Content	C: Teacher! T: Right. Then which is bigger between a book and a pencil? C: A book. T: Right! The book is bigger than the pencil. **(Ending)** T: Today, we learned big and small. Now, this is time for playing outside. Go outside as I call your name.

활 동 ❷

<table>
<tr><td>제 목</td><td>내 것을 찾아 주세요.</td><td>생활주제</td><td>가족과 이웃</td></tr>
<tr><td>활동유형</td><td>그림읽기, 문해 활동-분류하기(게임)</td><td>집단크기</td><td>20명</td></tr>
<tr><td>연 령</td><td>만 5세</td><td>시 간</td><td>25분</td></tr>
<tr><td>목 표</td><td colspan="3">각 인물이 갖고 있는 물건을 구별 할 수 있다.
크기를 비교 할 수 있다</td></tr>
<tr><td>교육과정
관련요소</td><td colspan="3">언어생활영역, 표현생활영역</td></tr>
<tr><td>준 비 물</td><td colspan="3">Big book, cassette, tape, 그림책 속 도구들(그림과 단어와 함께), 주사위</td></tr>
<tr><td>내 용</td><td colspan="3">[도 입]
교사: 오늘은 TITCH라는 동화를 읽어 주려고 해요. 어떤 책일까? 우리 한번 보도록 하자 (그림 읽기 참고)

[전 개]
교사: TITCH 재미있었나요?
유아: 네.
교사: 동화에 나왔던 Mary, Pete, Titch의 물건이 어떤 것이 있었는지 기억이 나니?
유아: 네
교사: 자. 선생님이 그림카드로 준비해 왔어.
어떤 그림들이 있는지 보자.(한 장씩 보여준다)
이것이 무엇일까?
유아: 자전거, 연, 바람개비, 큰북, 트럼펫, 피리, 톱, 망치, 못, 화분, 삽, 씨
교사: 그래. 자전거, 연, 바람개비, 큰북, 트럼펫, 피리, 톱, 망치, 못, 화분, 삽, 씨가 있었어.
이 중에서 TITCH의 것은 무엇이었지?
유아: 세발자전거/바람개비/나무피리/못/씨앗
교사: 그래. TITCH는 세발자전거, 바람개비, 나무피리, 못, 씨앗을 갖고 있었어.(TITCH 그림 옆에 사물그림들을 붙인다)</td></tr>
</table>

Activity ❷

Heading	Finding My Thing.	Theme	family and neighbor
Type of Activity	Reading Pictures Literacy Activity-Classification(game)	Group Size	20
Age	5yrs.	Time	25mins.
Goal	Distinguish Objects according to Having Things. Compare the Size.		
Factor of Curriculum	Language Art, Expression		
Requirement	Big Book, Cassette Tape, Matters in the Book (including pictures and words), Dice		
Content	**(Introduction)** T: I'll read a book today. The title is TITCH. Let's read the story. (read the book) **(Development)** T: Is it fun? C: Yes. T: Do you remember things that Mary, Pete and Titch have? C: Yes T: Okay, I brought some picture cards. Let's see(show one by one) What is this? C: A bicycle, a kite, a pinwheel, a big drum, a trumpet, a flute, a saw, a hammer, a nail, a flowerpot, a spade and a seed T: Right, There are a bicycle, a kite, a pinwheel, a big drum, a trumpet, a flute, a saw,a hammer, a nail, a flowerpot, a spade and a seed. What are Titch's ? C: A tricycle, a pinwheel, a wooden flute, a nail and a seed T: Good. Titch has a tricycle, a pinwheel, a wooden flute, a nail and a seed (put the picture cards beside TITCH)		

내 용	이번에는 PETE가 무엇을 가지고 있었는지 알아볼까? PETE의 물건은 무엇이 있었지? 유아: 빨간 자전거/파란 연/ 큰북/ 톱/ 삽 교사: 그래. PETE는 빨간 자전거, 파란 연, 큰북, 톱, 삽을 가지고 있었어.(Pete 그림 옆에 사물그림들을 붙인다) 이번에는 MARY가 무엇을 가지고 있었는지 알아보자? MARY의 물건은 무엇이 있었지? 유아: 파란자전거/ 노란 연/ 트럼펫/ 망치/ 화분 교사: 그래. MARY는 파란자전거, 노란 연, 트럼펫, 망치, 화분을 갖고 있었어. (Mary 그림 옆에 사물그림들을 붙인다) 모두 잘 기억하고 있구나. 교사: 자, 선생님이 또 가져온 것이 있어. 무엇인지 보자. (주사위를 보여준다) 이것이 무엇이니? 유아: 주사위 교사: 그래, 주사위야. 주사위에 어떤 그림이 있니? 유아: 메리, 티치, 피트 그림이요. 교사: 그래. 아이들 그림이 있구나. 그러면 이것으로 어떻게 게임을 할 수 있을까? 유아: 주사위를 던져서 나온 사람들의 물건을 찾아줘요. 교사: 그래요. 주사위를 던져서 나온 TITCH나 MARY, PETE의 물건을 찾아 주는 게임을 할 거야. 이 게임은 편을 정하지는 않을거야. 세 명의 친구가 나와서 주사위를 던져서 각자 한 개의 물건을 찾아 주고 돌아오는 거야. 먼저 00,00,00가 앞으로 나오자. 주사위를 한 번씩 던지자. (주사위를 던지고 각각 누구의 물건을 찾아 줄 것인지를 정한다.) 누구의 물건을 찾아 줄 것인지 기억했니? 유아: 네~ 교사: 준비 됐나요? 출발~ 유아: (세 명의 유아가 출발해서 사물그림카드를 들고 TITCH, MARY, PETE의 물건을 찾아주고 돌아온다.) 교사: 00는 무엇을 찾아주었니? 유아: $$ 이요. 교사: 그래, 00가 $$를 잘 찾아주었니? 유아: 네.

Content	Let's find things that Pete has. What are Pete's? C: A red bicycle, a blue kite, a big drum, a saw and a spade. T: Right. Pete has a red bicycle, a blue kite, a big drum, a saw and a spade. (put the picture card beside Pete) Let's find things that Mary owns. What are Mary's? C: A blue bicycle, a yellow kit, a trumpet, a hammerand a flowerpot. T: Right. Mary has a blue bicycle, a yellow kite, a trumpet, a hammer and a flowerpot. (put the cards beside Mary) Everyone remembers very well. I brought something. Let's see. (show a die) What is this? C: A die T: Right, It is a die. What picture is on the die? C: Mary, Titch, Pete. T: Right. There are kids. Then, what kind of game can we do with these? C: Roll the die and find his or her things. T: Right. Roll the die and find the things of Mary, Titch, Pete. We don;'t need a team. 3 kids come out here and roll the die. Remember the character, and find his or her things. Put the cards on the board beside the characters. First, 00,00,00, Come here. (roll the die and see the character on the die one by one) Do you remember the character? C: Yes~ T: Are you ready? Start~ C: (children find a card and put it on the board) T: 00, What did you find? C: $$. T: Good, Did ○○ find $$ well? C: Yes.

<table>
<tr><td>내 용</td><td>교사: 그래. ^^는 무엇을 찾아주었니?
유아: ##이요.
교사: 얘들아 ^^가 ##를 잘 찾아주었니?
유아: 네
(같은 방식으로 유아들을 평가하고 격려해준다)
교사: 그림카드가 더 남았니?
유아: 아니요. 없어요.
교사: 이제 모두 찾아 준 것 같구나.

[마무리]
교사: 오늘은 pete, mary, titch의 물건을 찾아보았어.
TITCH Big book은 도서영역에 둘 테니 듣고 싶은 친구는 듣도록 해요.
그리고 게임을 더 하고 싶은 친구는 조작영역에서 하도록 해요.</td></tr>
</table>

<table>
<tr><td>Content</td><td>T: Okay, what did ^^ find?
C: ##
T: Everyone, Did ^^ find ## well?
C: Yes
(Assess and encourage children like this way)
T: Is there any card left?
C: No, there is nothing.
T: Yes, we did all.

(Ending)
T: We found things of Pete, Mary, Titch. I'll put this big book TITCH in the art language area. Read this book if you want. And do the game in the operation center.</td></tr>
</table>

활 동 ❸

<table>
<tr><td>제 목</td><td>파닉스</td><td>생활주제</td><td>[-ch] 소리</td></tr>
<tr><td>활동유형</td><td>문해활동-이중자음 익히기(게임)</td><td>집단크기</td><td>20명</td></tr>
<tr><td>연 령</td><td>만 5세</td><td>시 간</td><td>25분</td></tr>
<tr><td>목 표</td><td colspan="3">‘ch’의 이중자음을 찾고 들음으로 익힐 수 있다.</td></tr>
<tr><td>교육과정 관련요소</td><td colspan="3">언어생활영역, 탐구생활영역</td></tr>
<tr><td>준 비 물</td><td colspan="3">Big Book, Cassette Tape, 그림 카드(titch, bench, peach, switch, church, beach), 그림판</td></tr>
<tr><td>내 용</td><td colspan="3">[도 입]
교사: TITCH 동화책을 듣고 따라 읽어보자.
(tape을 들으면서 그림책 따라 읽기 한다.

[전 개]
교사: 이 책의 제목이 무엇이었지?
유아: TITCH.
교사: 그래. TITCH였어. 그러면, 얘들아. 제목의 ‘CH’는 어떤 소리를 내니? TIT....CH
유아: /ʧ/
교사: 그래, /ʧ/ 소리가 나지? 다른 단어에도 ‘CH’가 들어가는 것이 있대. 무엇이 있을까? 이렇게 ‘CH’ 소리가 나는 단어는 무엇이 있을까? 그림카드를 보자. 이것이 무엇이니?
유아: 복숭아요.
교사: 그래. 복숭아야. 복숭아에도 ‘CH’가 들어갔지?
따라 읽어볼까? PEACH, PEACH
유아: PEACH, PEACH
교사: 잘했어. 다음 카드를 보자. 이것은 무엇이지?
유아: 교회요
교사: 그래. 교회에도 ‘CH’가 들어가. 따라 읽어 보자.
CHURCH, CHURCH
유아: CHURCH, CHURCH
(같은 방법으로 나머지 카드도 설명한다.)</td></tr>
</table>

Activity ❸

<table>
<tr><td>Heading</td><td>Phonics</td><td>Theme</td><td>[-ch] Sound</td></tr>
<tr><td>Type of Activity</td><td>Literacy-Learning Diphthong (game)</td><td>Group Size</td><td>20</td></tr>
<tr><td>Age</td><td>5yrs</td><td>Time</td><td>25mins.</td></tr>
<tr><td>Goal</td><td colspan="3">Learning ‘ch’ Sound and Diphthong</td></tr>
<tr><td>Factor of Curriculum</td><td colspan="3">Language Art, Inquiry</td></tr>
<tr><td>Requirement</td><td colspan="3">Big Book, Cassette Tape, Picture Cards (Titch, bench, peach, switch, church, beach), Picture Board</td></tr>
<tr><td>Content</td><td colspan="3">(Introduction)
T: Let's listen and repeat the story of TITCH.
(listen to the tape and repeat)

(Development)
T: What was the title of this book?
C: TITCH.
T: Right. TITCH. What's the sound of [ch]?
TIT....CH
C: /ʧ/
T: Right, /ʧ/. [ch] makes a /ʧ/ sound. There are other words have [ch]. what are those? ... What are the words having [ch] to make /ʧ/sound. Let's see the picture cards? What is this?
C: A peach.
T: Right. This is a peach. Peach has ‘CH’. Repeat after me. PEACH, PEACH
C: PEACH, PEACH
T: Good job. Let's see the next card? What is this?
C: A church
T: Good. Church has ‘CH’. Repeat after me.
CHURCH, CHURCH
C: CHURCH, CHURCH
(read all cards like this way.)</td></tr>
</table>

<table>
<tr>
<td>내 용</td>
<td>교사: 모두 잘했어. 이번에는 선생님이 재미있는 것을 준비했어. (CH판을 보여주며) 이것이 무엇일까?
유아: ‘CH’ 글자가 있는 그림판이에요.
교사: 그래요. 여기에 글자가 빠진 것 같지? 그리고 준비한 게 더 또 있어요. (단어가 들어간 주사위를 보여주며) 이건 무엇일까?
유아: 글자가 있는 주사위요.
교사: 그래요. 글자가 있긴 한데 모두 CH가 빠진 글자 주사위야. 이것으로 무엇을 할 수 있을까?
유아: 글자 주사위를 던져서 그림판에 있는 글자를 완성해요.
교사: 그래. 글자 주사위를 던져서 나온 글자를 가지고 단어와 그림을 맞추도록 하는 게임을 할 거야. 누가 앞으로 나와 볼까? 00, 00 앞으로 나오자. 주사위를 들고 던져보자. TIT와 CHUR이라는 단어가 나왔네. 어느 그림의 단어인지 생각했니?
준비! 출발.
(유아가 뛰어가 판 옆에 붙어 있는 단어카드를 들고 단어를 완성하고 돌아온다)
교사: 모두 잘 맞추었니?
유아: 네.
교사: 누가 먼저 들어왔니?
유아: 00가 먼저 들어왔어요.
교사: 00가 먼저 들어오긴 했지만 모두 잘 맞추었어. 모두 잘 했으니깐 박수 쳐주도록 하자.
(모든 단어를 맞추어 볼 수 있도록 게임을 진행한다.)
이제 모든 단어를 우리 친구들이 맞추었네. 우리 함께 읽어보도록 하자. 교회, 스위치, 벤취, 해변, 복숭아, 티치. 잘 읽는구나.

[마무리]
교사: 우리 친구들 게임을 하니 어땠어?
유아: 재미있었어요. 조금 어려웠어요.
교사: 이제는 CH 발음에 대해서 잘 알겠니?
유아: 네.
교사: 좋았어요. 오늘 게임도 우리 친구들 정말 잘 했어.
게임을 또 하고 싶은 친구는 언어영역에서 함께 해 보도록 하자.</td>
</tr>
</table>

Content	T: Everyone. Good job. Let's see this. (show the [CH] board) What is this? C: [CH] board. T: Right. There is a missing letter. I brought something(show the die has [ch] letter) What is it? C: Letter die. T: Right. There are some words but they all miss letter 'ch'. What can we do with this? C: Roll the letter die and complete the word on the picture board. T: Right. We'll match the word with picture according to the die letter. Who wants to try? 00! ☆☆! come here. Roll the die. Look! This is TIT and CHUR. What pictures do you think right for these? Ready, set go! (play a game) T: Is everyone right? C: Yes. T: Who came first? C: 00. T: Right 00 came first, but ☆☆ did well too. Let's clap for both. (play game until there is no letter card) T: Now, All words are completed. Let's read these together. church, switch, bench, beach, peach, Titch. Good job. **(Ending)** T: How was the game? C: It's fun. A little hard. T: Now, do you know the [CH] sound? C: Yes T: Good, well done. You can do this game in the language art center again whenever you want.

활 동 ❹

제 목	우리 가족 그리기	생활주제	가족과 이웃
활동유형	통합활동-미니북 만들기	집단크기	20명
연 령	만 5세	시 간	20분
목 표	• 그리기를 통해 눈과 손의 협응능력을 기른다. • 소근육의 발달을 돕는다.		
교육과정 관련요소	언어생활영역, 표현생활영역		
준 비 물	Big Book, Cassette Tape, 미니북, 색연필		
내 용	[도 입] 교사: 얘들아, Titch 동화 기억나니? 유아: 네 교사: 다시 한 번 따라 읽어 보도록 하자. (책을 한 장 한 장 보여준다) 유아: (Listen and repeat) [전 개] 교사: 오늘은 미술활동을 할 거야. 선생님이 준비한 것을 보여줄게. 이것이 무엇이니? 유아: 색연필이요. 교사: 그래. 색연필이야. 그리고 또 이것은 무엇이지? 유아: 종이 접은 것, 작은 책. 교사: 그래요. 이건 미니북이야. 오늘은 우리 가족이라는 제목의 미니북을 만들어 보는 시간을 가질 거야. 여기 미니북을 잘 보자. 어떤 그림이 있니? 유아: 액자 그림. 교사: 그래. 액자 그림이 있지. 무엇을 하려고 여기에 액자 그림이 있을까? 유아: 사진을 넣어요. 우리 가족 그림을 그려요.		

Activity ❹

Heading	Drawing My Family	Theme	Family and Neighbor
Type of Activity	Integrated Activity-Making Minibook	Group Size	20
Age	5yrs	Time	20mins.
Goal	• Enhancing cooperation skill for eye-hand through drawing. • Helping developing fine muscle		
Factor of Curriculum	Language Art, Expression		
Requirement	Big Book, Cassette Tape, Minibook, Color Pencils		
Content	**(Introduction)** T : Kids! Do you remember the story Titch? C : Yes T : Okay, Let's listen and repeat again. (show the book page by page) C : (listen and repeat) **(Development)** T : Today, We are going to draw something. What is this? C : A color pencil. T : Right, It's a color pencil. And what is this? C : A folding paper, a small book. T : Right, it's a minibook. We are making a minibook titled my family. Look at this minibook. Can you see this? (point the frame of the book) C : A frame. T : Right, it seems to the frame of photo. What can we do with this? C : Stick to the photo and draw the family.		

<table>
<tr>
<td>내 용</td>
<td>교사: 그래. 사진을 넣어도 좋겠지만, 지금은 우리 가족을 그려 볼 거야.
액자 하나에 아빠의 모습을 그리고 또 다른 액자에 엄마의 모습을 그려 넣고... 이렇게 엄마, 아빠, 언니, 동생을 한명씩 그려 넣을 거야. 그럼 사진첩처럼 되겠지?
우리 친구들 모두 할 수 있겠니?
유아: 네~ 할 수 있어요.
교사: 그래요. 선생님이 미니북을 하나씩 나눠 줄게.
멋진 우리 가족의 모습을 그려보자.
(유아가 미니북에 가족을 그리고 색칠하여 완성한다.)

[마무리]
(활동을 마친 후 모여 앉는다.)
교사: 우리 친구들 중에 자신의 가족 미니북을 소개하고 싶은 사람 있니? 그래, 00앞으로 나와 보자.
유아: 우리 아빠이고요, 우리 엄마예요. 그리고 애기 동생이에요. 그리고 이건 나예요.
교사: 00까지 모두 몇 명이니?
유아: 네 명이요.
교사: 그래, 가족이 4명이구나. 멋진 미니북이다.
잘했다고 박수 쳐 줄까?
나도 소개하고 싶어요 하는 친구? 00 앞으로 나와 주세요.
유아: 우리 가족은 할머니, 아빠, 엄마, 형, 그리고 나에요.
교사: 00는 할머니와 함께 살고 있구나. 멋진 미니북이 됐네.
잘했다고 박수 쳐 줄까? 한 명만 더 나와서 발표해보자.
그래, ***가 나와서 발표하자.
유아: 이건 아빠구, 이건 엄마, 이건 나, 그리고 이건 강아지예요.
교사: 그래, ***는 강아지도 함께 살고 있구나.
***에게도 잘했다고 박수 쳐 주자.
오늘 만든 미니북은 가방에 잘 넣어 뒀다가 부모님께 보여 드리자.</td>
</tr>
</table>

Content	T: Good idea to put the photo on this minibook. But today, we draw family on this minibook. Draw a father on this, and draw a mother on that, and draw other family like this. Then this minibook could be like a family album. Can you do it? C: Yes, T: Good. I'll give you a minibook. Let's draw a family. (let them draw and color a family) **(Ending)** (gather minibooks after finishing the activity) T: Who wants to show and tell us about the minibook? ##! Come here. C: This is my father, this is my mother, this is my younger sister, and it's me. T: How many members are there in your family? C: Four. T: Good! ##'s family members are four. It's great!. Let's clap to ##. Who wants to show us your minibook agian? ○○!, come here. C: My family members are grandmother, father, mother, brother, and me. T: ○○ lives with grandmother. It's great! Let's clap to ○○. Who wants to show now for the last chance? ♡♡! come here and show yours. C: This is my father, this is my mom, this is me, and it's a dog. T: Good, ♡♡ has a dog. Let's clap to ♡♡. Put your minibook in your bag and show your parent.

활 동 ❺

<table>
<tr><td>제 목</td><td>즐거운 문장 만들기</td><td>생활주제</td><td>가족과 이웃</td></tr>
<tr><td>활동유형</td><td>문해활동 - 문장 만들어 보기, 나눠읽기</td><td>집단크기</td><td>20명</td></tr>
<tr><td>연 령</td><td>만 5세</td><td>시 간</td><td>20분</td></tr>
<tr><td>목 표</td><td colspan="3">'Had'의 쓰임새를 알 수 있다.</td></tr>
<tr><td>교육과정
관련요소</td><td colspan="3">언어생활영역, 표현생활영역, 사회생활</td></tr>
<tr><td>준 비 물</td><td colspan="3">큰책, 카세트 테이프, 'I had' 판, 그림카드, 화이트보드, 펜</td></tr>
<tr><td>내 용</td><td colspan="3">[도 입]
교사: Titch 동화를 다시 한 번 듣고 따라 읽어보자.
유아: (듣고 따라 읽는다)
-나눠읽기-

교사: 애들아! 동화를 듣거나 우리 친구들이 따라할 때 제일 많이 나오는 말이 뭐였던 것 같아?
유아: Titch/ Pete/ Mary
교사: 주인공의 이름 말고 다른 걸 생각해 볼까요?
유아: Had요.
교사: 그래. Had라는 단어가 참 많이 나왔었지.

[전 개]
교사: 우리 Had와 관련된 재미있는 게임을 하려고 해.
여기 선생님이 준비 하신 게 있어. 이것들은 무엇이니?
유아: 화이트보드요. 펜요.
교사: 그래, 이것들은 화이트보드와 펜이야. 그리고 이것은 'I had'라는 판이야. 그럼 이것은 무엇이지?
유아: 그림카드요.
교사: 그래. 이건 그림카드야. 여기에 어떤 그림이 있어?</td></tr>
</table>

Activity ❺

Heading	Making Sentences	Theme	Family and Neighbor
Type of Activity	Literacy-Making Sentence/ Shared Reading	Group Size	20
Age	5yrs	Time	20mins.
Goal	Learning use of 'Had'		
Factor of Curriculum	Language Art, Expression, Social Life		
Requirement	Big Book, Cassette Tape, 'I had' Board, Picture Cards, White-board, Pen		
Content	**(Introduction)** T: Let's listen to the story 'Titch' again. And repeat after me. C: (listen and repeat, share reading) T: Children! What were the words that you heard a lot in this story? C: Titch/ Pete/ Mary T: Anything else? C: Had. T: Right. We heard 'had' a lot. **(Development)** T: We'll have a game with this 'had'. Here, I brought something. Look at these. What are these? C: Whiteboard, pen... T: Right. These ars whiteboard, pen,..and this is 'I had' board. What are these? C: Picture cards T: Right, these are picture cards. What picture do you see?		

<table>
<tr><td>내 용</td><td>유아: 자전거, 연, 바람개비, 북, 트럼펫, 나무피리, 망치, 톱, 못, 삽, 화분, 씨앗그림이요.
교사: 그래, 동화책에 나왔던 것들이네. 이것으로 무엇을 할 수 있을까?
유아: 그림카드에 있는 걸 붙여요.
교사: 그래요. 친구 한 명에게 그림카드를 줄 거야.
카드를 받은 친구는 몰래 카드를 보고 보드판에 그려볼 거야.
그럼 우리친구들이 맞춰 보는 거야.
그리고 정말 맞는지 여기 I had 판에 붙이고 크게 읽어 주는 거야. 어느 친구가 나와서 문제를 내 줄래? 손 들어보자.
유아: 저요!!
교사: 00 앞으로 나오자. (그림카드를 뽑게 해준다.)
유아: (그림카드를 받고 보드판에 그림을 그린다.)
유아1 : 연!!
교사: 맞는 답인지 I had 판에 붙여 주고 크게 읽어보자.
유아: I had kite.
교사: 잘 했어. 또 다른 문제를 내 줄 사람 손 들어 보자.
유아: 저요!!
교사: 00 앞으로 나오자. (그림카드를 뽑게 해준다.)
유아: (그림카드를 받고 보드판에 그림을 그린다.)
유아1: 씨앗!!
교사: 맞는 답인지 I had 판에 붙여 주고 크게 읽어보자.
유아: I had seeds.
교사: 잘 했어. 또 다른 문제 내 줄 사람 손 들어 보자.
유아: 저요!!
교사: 00 앞으로 나와 보자. (그림카드를 뽑게 해준다.)
유아: (그림카드를 받고 보드판에 그림을 그린다.)
유아1: 망치!!
교사: 맞는 답인지 I had 판에 붙여 주고 크게 읽어보자.
유아: I had hammer.
(같은 방법으로 계속 진행한다.)

-나눠읽기-
교사: 우리 친구들 이제는 I had라고 말할 수 있니?
유아: 네</td></tr>
</table>

Content	C: A bike, a kite, a pinwheel, a drum, a trumpet, a wooden flute, a hammer, a saw, a nail, a spade, a flowerpot and a seed. T: Right, These are things from the story. What can we do with these? C: Stick to the cards on the board. T: Right. I'll give a card to a child. A child who got the card see the card and draw on the whiteboard. Then you guess the picture, and we can say it loudly. Who can do it? Raise your hand please! C: Me!! T: 00! Come here and pick the card.. (let 00 pick the card) C: (let a child draw on the board) A kite! T: Good! Can you stick it and read it? C: I had a kite. T: Good. Can you raise your hand who can do this again? C: Me T: 00! Come here! (let 00 pick the card.) C: (draw picture on the board) A seed! T: Let's see if it's right. Can you stick it on the board and read it loudly? C: I had seeds. T: Good job! Who else wants to do? C: Me!! T: 00! Come here! (let ☆☆ pick the card) C: (draw the picture on the board) A hammer!! T: Let's see if it's right. Can you read it loudly? C: I had a hammer. (keep on doing like this) -sharing reading- T: Now, can you use “I had”? C: Yes!

내 용	교사: 그럼 우리 동화에 나오는 I had도 잘 읽을 수 있지? 유아: 네 교사: 그럼 선생님과 나누어서 읽어 볼까? 선생님이 읽다가 I had라고 나오는 문장은 우리 친구들이 읽어 주는거야. (Big Book을 보면서 읽는다) 교사: TITCH는 무엇을 가지고 있지? I had로 말해보도록 할까? (Big Book을 보면서 읽다가 I had가 나오는 문장에서는 유아들이 말할 수 있도록 격려한다.) [마무리] 교사: 우리 친구들 모두 잘해 주었어. 힘든 점을 없었니? 유아: 동화책 읽을 때 조금 힘들었어요. 교사: 그랬구나. 하지만 우리 친구들이 큰소리로 잘 읽어주었는걸. 다음 시간은 더 재미있게 동화를 읽어보도록 하자.

Content	T: Then, can you read it too? C: Yes! T: Then, let's read this together. Can you read 'I had' while I read? (use big book) T: What does TITCH have? Can you say using 'I had'? (encourage children to say 'I had' as reading Big Book) **(Ending)** T: Everybody did good job. Was there any hard thing? C: Reading. T: Really? But it was good. Let's read the story again next time.

활 동 ❻

제 목	동화를 말해요.	생활주제	가족과 이웃
활동유형	문해활동 - 유창하게 읽기	집단크기	20명
연 령	만 5세	시 간	20분
목 표	큰소리로 동화책을 읽을 수 있다.		
교육과정 관련요소	언어생활영역, 표현생활영역		
준 비 물	Big Book, CD, 영어글씨가 없는 Big Book, 문장카드		
내 용	[도 입] 교사: 선생님이 친구들이랑 재미난 활동을 위해서 준비한 게 있어. 어떤 게 있나 볼까? 이게 뭘까? 유아: 영어가 적힌 긴 카드예요. 교사: 이건 뭘까? 유아: Big Book이요. 그런데 글씨가 없어요. 교사: 그래. 어제 밤에 영어를 먹는 마녀가 와서 이렇게 글씨를 먹어버리고 말았대. Big book에 글씨가 없어서 이 big book의 동화책을 볼 수가 없어. 그래서 이 big book에 우리 친구들이 영어 카드를 붙여 줘야 할 것 같아. 영어카드가 어디로 가야 할지 도와줄 수 있겠니? 유아: 네 [전 개] 교사: 이 그림은 [Pete had a great big bike]이야. 어느 친구가 먼저 찾아 줄래? 손들어 보자. 유아: 저요! 교사: 00 친구가 나와서 찾아 주자. 유아: (유아가 문장을 찾아 준다.) 교사: 잘 찾았니? 크게 읽어보자. 유아: Pete had a great big bike		

Activity ❻

Heading	Matching Pictures-Sentences	Theme	Family and Neighbor
Type of Activity	Literacy Activity - Reading Fluency	Group Size	20
Age	5yrs.	Time	20mins.
Goal	Reading Book Fluently		
Factor of Curriculum	Language Art, Expression		
Requirement	Big Book, CD, Big Book without Sentences, Sentence Cards		
Content	**(Introduction)** T: I brought something for you today. Can we see it? What is this? C: This is a English card. T: How about this? C: A big book. But there is no letter. T: Right. Somebody came here and ate them. It must be a witch. So we can not read this book. Can you help me to find out the correct card? C: Okay **(Development)** T: Listen this. "Pete had a great big bike"(point to the picture). Can you raise your hand who can find the correct card? C: Me!! T: ○○! Come and find it. C: (give her or him some time to find) T: Can you read it? Is it right? C: Pete had a great big bike.		

<table>
<tr>
<td>내 용</td>
<td>교사: 잘했어. 다음 그림은 [Mary had a big bike]이야.
어느 친구가 먼저 찾아 줄래? 손들어 보자.
유아: 저요!!
교사: 00 친구가 나와서 찾아 주자.
유아: (유아가 문장을 찾아 준다.)
교사: 잘 찾았니? 크게 읽어주자.
유아: Mary had a big bike
(같은 방법으로 진행한다.)

[마무리]
교사: 모두 잘 해 주어서 책이 완성 되었구나. 힘든 점은 없었니?
유아: 글씨 찾는 게 어려웠어요.
교사: 그랬구나. 하지만 우리 친구들이 너무 잘해 주워서 선생님은 너무 기쁘다. 다시 해 보고 싶은 친구는 도서영역에 둘 테니 해 보도록 하자.</td>
</tr>
</table>

Content	T: Good! Next picture says "Mary had a big bike" Who can find it? C: Me!! T: 00! Come here and find it. (give her time to find) T: Can you read aloud? C: Mary had a big bike (repeat) **(Ending)** T: Wow, we made a book. Isn't there anything hard? C: Yes, finding the letter. T: Really? But you did very well. I'm so glad. I'll put this in the book center, you can try it later.

[Big Book]

[문장카드]

Pete had a great big bike

Mary had a big bike

And Titch had a little tricycle

Pete had a big drum

Mary had a trumpet

And Titch had a little wooden whistle

Pete had a big saw

Mary had a big hammer

And Titch held the nails.

Pete had a big spade

Mary had a fat flowerpot

But Titch had the tiny seed

And Titch's seed grew.

and grew

and grew

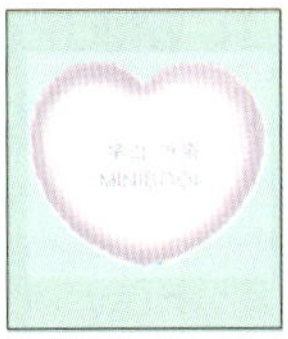

Reading Pictures-TITCH

Titch가 서 있는 장면	T: Who is he? C: Titch!
Titch, Mary, Pete가 서 있는 장면	T: Who are they? C: His brother and his sister. T: Yes, she is his sister Mary and he is his brother, Pete. T: Mary is bigger than Titch. Pete is bigger than Mary.
Pete와 Mary가 자전거를 타고 있는 장면	T: What are they doing? C: They are riding their bikes. T: Which one is bigger? C: Pete's bike.
Titch가 세발 자전거를 타고 누나와 형을 따라가는 장면	T: How about Titch? C: Titch is riding his tricycle. T: Is it big or little? C: Very little! T: Look at Titch! How does he look? C: He looks so sad.
Mary와 Pete가 연을 날리는 장면	T: What are they doing? C: They are flying a kite. T: Whose kite flies higher? C: Pete's kite.
Titch가 Mary와 Pete옆에서 바람개비를 날리는 장면	T: How about Titch? Is he flying a kite? C: No, He has a pinwheel. It`s so tiny. T: Do you think he is happy now? C: No!

Pete는 드럼을 Mary는 트럼펫을 연주하는 장면	T: What does Pete have? C: A drum. T: What about Mary? C: She has a trumpet.
Titch가 피리를 불고 있는 장면	T: What about Titch? C: He has a little whistle. T: Does he envy Pete`s drum? C: Yes!
Pete는 톱을 Mary는 망치를 가지고 있는 장면	T: What is Pete doing? C: He is sawing. T: How about Mary? C: She has a hammer. T: Can you guess what Titch have?
Titch가 못을 들고 있는 장면	T: What are these? C: Nails.
Pete는 삽을 Mary는 화분을 들고 있는 장면	T: What do they have? C: Pete has a spade and Mary has a pot. T: Maybe they are going to plant a seed. Where is the seed? Who has the seed?
Titch가 씨앗을 들고 있는 장면	T: Titch has the tiny seed. Can you guess what will happen next? C: The seed sprouts up.

<table>
<tr><td>화분에서 싹이 나서 자라는 장면</td><td>T: You're right!
The seed are growing.
It grows bigger and bigger and bigger.
What do you want to see next?
C: A big tree!</td></tr>
</table>

<table>
<tr><td>Titch가 나무를 보고 좋아하는 장면</td><td>T: Wow! It grows into a big tree!</td></tr>
</table>

제3부 교실영어

(Classroom English)

Classroom English Test 1

1	지난번에 배운 것을 복습합시다.
2	저번에 무엇을 했는지 기억하나요?
3	누가 저번 시간에 무엇을 했는지 말해볼까요?
4	지난번에 어디까지 했지요?
5	지난 시간에 신체에 대해 배웠어요.
6	새로운 것을 배우겠어요.
7	네 명씩 그룹을 만드세요.
8	조금만 뒤로 가겠니?
9	책상을 뒤로 옮기세요.
10	한 장은 가지고, 나머지는 돌리세요.
11	두 사람이 한 장씩 가지세요.
12	짝과 같이 보세요.

Classroom English Answer 1

1. Let's review the last lesson.
2. Do you remember what we did last time?
3. Can anybody tell me what we did last time?
4. Where were we? (Where did we stop last time?)
5. Last time we learned about our bodies.
6. We are going to learn something new.
7. Let's make groups of four.
8. Could you move back a little?
9. Would you move your desks back?
10. Take one and pass them on.
11. Two students share one sheet.
12. Could you share with your partner?

Classroom English Test 2

1	안 받은 사람?
2	테이프를 듣고 따라해 보세요
3	이제 테이프를 듣겠어요.
4	이해했나요?
5	누가 앞으로 나올까요?
6	앞으로 나오세요.
7	이제까지 앞으로 나오지 않은 사람?
8	옆으로 비껴 서세요.
9	자리로 돌아가세요.
10	여기 재미있는 그림이 있어요.
11	이번에는 내가 그림을 가릴 거야.
12	우측에 있는 그림을 봅시다.

Classroom English Answer 2

1. Is there anybody who hasn't got a copy.
2. Listen and repeat after the tape.
3. Now we will listen to the tape.
4. Did you understand? (Did you get it?) (Did you catch that?)
5. Who wants to come up here?
6. Come here to the front.
7. Who hasn't been out to the front yet?
8. Step aside.
9. Go back to your seat.
10. Here is a nice picture.
11. This time, I will cover the picture.
12. Look at the picture on the right.

Classroom English Test 3

1	여기에 다른 그림이 있습니다.
2	그림에 관한 질문을 하겠어요.
3	그림 안에 누가 있지요?
4	이 그림에 무엇이 있지요?
5	이 그림에 무슨 상황이 벌어지고 있지요?
6	그림에 대해 이야기 해봅시다.
7	반을 다섯 팀으로 나누겠어요.
8	이 게임을 위해서 학급을 반으로 나누겠어요.
9	네 명씩 모이세요.
10	두 팀을 만들어요.
11	네 명씩 두 팀을 만들어요.
12	한 조에 3명씩 모여요.

Classroom English Answer 3

1. Here is another picture.
2. I will ask you some questions about the picture.
3. Who do you see in this picture?
4. What do you see in this picture?
5. What's happening in this picture?
6. Let's talk about this picture.
7. I will divide the class into 5 groups.
8. For this game, I am going to divide the class in half.
9. Please get into groups of 4.
10. Make 2 teams.
11. 2 teams of 4, please.
12. 3 students in each group.

Classroom English Test 4

1	여기 다섯 명이 A 팀이에요.
2	그림을 순서대로 놓아라.
3	내가 말할 때 그림을 들어라.
4	12쪽에 있는 그림을 봅시다.
5	나는 15쪽에 있는 그림에 대해 말하고 있어요
6	이 그림에서 무슨 일이 일어나고 있나요?
7	25쪽의 그림을 보세요.
8	여러분이 민희라면 어떻게 하겠어요?
9	민희가 뭐라고 말했니?
10	민희가 어떻게 생겼니?
11	친구와 함께 하세요.
12	여기 소집단끼리 해야 할 과제가 있어요.

Classroom English Answer 4

1. These 5 students are Team A.
2. Put the pictures in order.
3. Hold up your picture when I talk.
4. Let's look at the picture on page 12.
5. I am talking about the picture on page 15.
6. What's happening in this picture?
7. Take a look at the picture on page 25.
8. If you were Minhee, what would you do?
9. What did Minhee say?
10. What's Minhee like?
11. Work together with a friend.
12. Here are some tasks for you to work on in groups.

Classroom English Test 5

1	내가 말한 것이 이해가 되나요?
2	지금까지 이해가 되나요?
3	그것을 어떻게 생각합니까?
4	이해 안 되는 것이 있나요?
5	모두들 어떻게 하는 것인지 알겠어요?
6	내가 한 번 더 설명해 주길 원해요?
7	어려움이 있는 사람이 있어요?
8	말 좀 크게 해 주세요.
9	잘 했어요.
10	거의 맞았어요.
11	그에게 큰 박수를 쳐줍시다.
12	넌 잘해낼 수 있을 거야.

Classroom English Answer 5

1. Do you understand what I am saying?
2. Do you think you've got it now?
3. How does that sound to you?
4. Is there anything you don't understand?
5. Does everyone know what to do?
6. Do you want me to explain it again?
7. Is anyone having trouble?
8. Speak loudly.
9. You did well.
10. That's almost right.
11. Let's give him a big hand.
12. I am sure you can do well.

Classroom English Test 6

1	재미있는 게임을 할 시간이에요.
2	제가 먼저 게임을 하는 방법을 설명할게요
3	내가 시범을 보일게요.
4	이 게임 좋아해요?
5	먼저 답한 사람이 1점을 얻는다.
6	먼저 10점을 얻는 팀이 이긴다.
7	누가 먼저 할까?
8	누가 할 차례지?
9	점수를 칠판에 표시할게요.
10	답이 틀리면 1점이 감점됩니다
11	모두 몇 점을 얻었니?
12	최종 점수가 몇 점이었죠?

Classroom English Answer 6

1. It's time to play on interesting game.
2. First, I will tell you how to play.
3. Let me demonstrate.
4. Do you like this game?
5. The first one to answer gets a point.
6. The first team to get ten points wins the game.
7. Who wants to play first?
8. Whose turn is it?
9. I will write scores on the board.
10. You lose a point if you answer wrong.
11. How many points have you got?
12. What was your final score?

참 고 문 헌

강덕신 (1997). 우화활용을 통한 초등학교에서의 영어지도에 관한 연구. 한국교원대학원. 석사학위논문.

류재권 (1995). 영어 노래 활용을 통한 수업모형 개발 및 적용에 관한 연구. 한국교원대학원. 석사학위논문.

문창래 (1995). 초등영어 수업의 게임활동 효과에 관한 연구. 한국교원대학원. 석사학위논문.

배두본(1990) 영어교육학. 서울: 한신문화사

서정숙(2001) 유아 문학교육내용과 교수계획에 대한 논의. 어린이문학교육연구, 제5권 제1호, 1-36.

서정숙, 남규(2005). 그림책으로 하는 유아문학교육. 창지사.

이경우, Craig C. Merrill, 이은화, 곽향림, 이연승, 전지형 (2004). 유아영어교육의 이론과 실제. 서울 : 창지사

이명조(1995). 유치원에서의 영어조기교육. 미래유아교육학회지, 1(1), 107-126

이송은, 이선영(2005). 유아문학교육의 이론과 실천:그림책 활동을 중심으로. 창지사

이옥로,(1982). LAD와 조기영어교육, 영어교육 제23호 한국영어교육학회

채준기(1978) 초등학교 영어교육론. 김영의박사 송수기념 영어문학논총. 서울: 형성출판사.

황원길, (2004). "동화를 활용한 유아기의 영어 교육 프로그램 개발 연구" 중앙대학교 대학원 박사학위 논문

Adams, M. J. & Bruck, M.(1995). Interactive children's literature: Moving from print to electronic literacy. Reading Horizons, 26(4).

Brook, J. C. & Brooks, G.(1993). In search of understanding : The case for constructivist classrooms. Alexandria, VA: Association for Supervism of Curriculum Development.

Chall(1967). Learning to read: The great debate. N. T. : McGraw-Hill.

Cummins, J(1991). Interdependence of first-and second-language proficiency in bilingual children, In Bialystock (ed.), Language processing in bilingual children. New York, N.Y.: Cambridge University Press.

Goodman, K.(1986). What's Whole in Whole Language? Portsmouth, NH.:Heinemann

Harste, J. C. L. Burke(1977). A New Hypothesis for Reading Teacher Education Research. Chicago: National Reading Conference

Kucer, S. B(1998). The cognitive base of reading and writing. In J. Squire(Ed.), The dynamics of language learning. Urban, IL: Eric Clearing House on Reading and Communication Skill & National Conference on Research in English.

Miller, G. A.(1988) The challenge of universal literacy. Science 241.(4871).

Rivers, W. M. Temperley(1978) A Practical Guide to the Teaching of English. New York: Oxford University Press

http://dic.naver.com

저 자 약 력

◎ **장유라**

중앙대학교 유아교육과 졸업 (학사)
미국 Holy Names University 대학원 졸업 (석사)
숙명여자대학교 '유아를 위한 TESOL' 과정 수료
중앙대학교 대학원 박사과정 재학 중
전, 중앙대, 서울교대 강사
현, 리틀램스쿨 자문위원
현, 극동정보대학 유아교육과 초빙교수

◎ **원계선**

이화여자대학교 유아교육과 졸업 (학사)
이화여자대학교 교육대학원 졸업 (석사)
단국대학교 대학원 박사과정 졸업 (특수교육학 박사)
전, 극동정보대학 유아교육과 교수
전, 안양과학대학 유아특수재활과 겸임교수
현, 리틀램스쿨 자문위원
현, 선재몬테소리어린이집 자문위원
현, 미국 University of Oregon, Visiting Scholar로 체류 중

유아영어교육의 이론과 실제

초판 1쇄 인쇄 – 2008년 10월 20일
초판 1쇄 발행 – 2008년 10월 30일

저 자 - 장유라 · 원계선 공저

발행인 - 김 의 용
발행처 - 교육아카데미

주 소 - 서울시 성북구 석관동 77-37
전 화 - (02) 3142-9924(代)
(02) 967-9947
팩 스 - (02) 967-9948
E-mail - educa9937@naver.com
등 록 - 1996년 9월 6일 No. 2-2243

정 가 18,000원